LOS

TESTIGOS DE JEHOVÁ

DR. WALTER MARTIN

LOS

TESTIGOS DE JEHOVÁ

GRUPO NELSON
Una división de Thomas Nelson Publishers
Desde 1798

NASHVILLE   DALLAS   MÉXICO DF.   RÍO DE JANEIRO   BEIJING

© 2009 por Grupo Nelson®
© 1982, 1987 por Editorial Caribe, Inc.
Publicado en Nashville, Tennessee, Estados Unidos de América.
Grupo Nelson, Inc. es una subsidiaria que pertenece
completamente a Thomas Nelson, Inc.
Grupo Nelson es una marca registrada de Thomas Nelson, Inc.
www.gruponelson.com

Título en inglés: *Jehovah's Witnesses*
© 1957 por Walter Martin
Publicado por Bethany House,
una división de Baker Publishing Group,
Grand Rapids, Michigan 49516, EUA
Todos los derechos reservados.

Traducción: *Juan Sánchez Araujo*

ISBN: 978-1-60255-362-0

Impreso en Estados Unidos de América

09 10 11 12 13 LSI 9 8 7 6 5 4 3 2 1

Prefacio

La Sociedad Bíblica y de Tratados Torre del Vigía, muchas veces identificada en inglés como *The Watch Tower Bible and Tract Society*, y mejor conocida en todo el mundo como Testigos de Jehová, presenta hoy un desafío a la iglesia cristiana, que los cristianos cultos ignoran y con ello ponen en peligro a millones de almas.

De sus humildes inicios en la época que comenzó en 1880, la Torre del Vigía pasó a más de un millón de miembros a nivel mundial. Despacha su literatura en un centenar de idiomas, y continúa presentando un problema en todos los campos de evangelización, donde está perjudicando el testimonio del verdadero Evangelio de Cristo por medio de los celosos discípulos del que una vez fuera el pastor Russell.

Desde que se publicó mi obra *Jehovah of the Watch Tower* (El Jehová de la Torre del Vigía, Zondervan Publishing House, 1956, quinta edición revisada y aumentada), se me ha pedido muchas veces que ofrezca una condensación del problema de los Testigos de Jehová. Confío que este libro pueda cumplir tal propósito.

Debe comprenderse desde el principio que en un libro como éste no se puede ofrecer adecuadamente ninguna presentación completa de un tema tan amplio, en que está involucrado un tremendo celo y una vibrante organización. Pero he intentado presentar algunos de los asuntos importantes para cualquier evaluación sana de los Testigos de Jehová hoy. Al ofrecer esta obra, le ruego al Señor de la gloria que se digne bendecir este esfuerzo que se hace en defensa de su Evangelio.

Walter R. Martin.

Indice

CAPITULO UNO

Los antepasados de los Testigos de Jehová

Charles Taze Russell fue el fundador de los actuales Testigos de Jehová y el enérgico administrador que dio a luz su extensa organización. El nombre Testigos de Jehová fue adoptado en Columbus, Ohio, E.U.A., en 1931, para diferenciar a la Torre del Vigía de los verdaderos seguidores de Russell representados por los Estudiantes Bíblicos de la Aurora (Dawn Bible Students) y el Movimiento Misionero Americano de Laicos (Laymen's Home Missionary Movement).

Charles T. Russell nació el 16 de febrero de 1852. Era hijo de Joseph L. y Anna Eliza Russell, y pasó la mayor parte de su juventud en Pittsburgh y Allegheny, Pensilvania, E.U.A., donde a los veinticinco años de edad era conocido como director de varios establecimientos de artículos para hombres. Siendo aún muy joven rechazó la doctrina del tormento eterno, probablemente debido al severo adoctrinamiento que había recibido como congregacionalista, y a consecuencia de ese acto inició una larga y variada carrera de denuncia de las "religiones organizadas". En 1870, cuando contaba dieciocho años de edad, Russell organizó un estudio bíblico en Pittsburgh del que en 1876 fue elegido "pastor". De 1876 a 1878, el "pastor" trabajó como subdirector de una pequeña revista mensual de Rochester, Nueva York, pero luego dimitió de ese cargo al surgir una controversia sobre sus contraargumentos acerca de "la obra expiatoria de Cristo".

Poco después de abandonar aquel puesto, Russell fundó la revista *The Herald of the Morning*, 1879 (El Heraldo de la Mañana) que con el tiempo llegó a ser la actual *Atalaya* (The Watchtower Announcing Jehovah's Kingdom). De una tirada inicial de 6.000

9

ejemplares, la publicación ha alcanzado los 17,8 millones cada mes en 106 idiomas. El otro periódico de la Torre del Vigía —¡*Despertad!* (Awake!)— tiene una circulación mensual de 15,6 millones en 34 idiomas. Es cierto que esta revista ha prosperado hasta sobrepasar los sueños más queridos del propio Russell. En 1884, el "pastor" Russell constituyó legalmente la "Sociedad de Tratados de la Torre del Vigía de Sion" en Pittsburgh, Pensilvania, la cual publicaba en 1886 el primero de una serie de siete libros (seis de ellos escritos por el mismo Russell) que ahora llevan el título de *Estudios de las Escrituras* (Studies in the Scriptures), y que al principio se llamaron *El alba milenial* (The Millennial Dawn). El séptimo volumen fue una edición póstuma de sus escritos publicada en 1917. Este séptimo volumen, *El misterio terminado* (The Finished Mystery), produjo una separación dentro de la Sociedad que acabó en clara división: el grupo más grande con J.F. Rutherford a la cabeza, y el más pequeño por su cuenta. Este último grupo se convirtió posteriormente en la Asociación de estudiantes internacionales de la Biblia; mientras que la "Sociedad", bajo el liderato de Rutherford, llegaba a ser conocida por su nombre actual: Los Testigos de Jehová.

Según las estadísticas de la Torre, en enero de 1981, la Sociedad Bíblica y de Tratados de la Torre del Vigía (fundada en 1896), punto focal de la organización, había conseguido establecer secciones filiales en más de 100 países, y llevar la obra misionera y de predicación del Reino a un número superior a los 250. Su literatura se distribuye en 110 idiomas, y los voluntarios de la Sociedad —llamados "publicadores"— ascienden a 563.453. La Sociedad se ha convertido en un gran diseminador de propaganda y un desafío para el celo de todo cristiano.

En 1908 la sede del movimiento fue trasladada a Brooklyn, Nueva York, donde se compró una propiedad (Calle Hicks 17) que recibió el nombre de "El Tabernáculo de Brooklyn". Asimismo, a medida que la Sociedad prosperaba y crecía adquirió grandes fincas en Columbia Heights, hasta que hoy día posee cuadras enteras. Entre otras cosas, la Sociedad Bíblica y de Tratados Torre del Vigía cuenta con una gran imprenta dotada de los últimos adelantos técnicos, que ha producido millones de piezas de literatura desde su inauguración en 1928 y sus posteriores ampliaciones en

1949 y 1957; un moderno edificio de oficinas; una "granja del Reino", que proporciona comida, madera para muebles, etc.; la escuela bíblica "Galaad"; y muchas más empresas de carácter similar. Todos los empleados de la fábrica reciben una suma nominal, cuarto y comida, y trabajan gratuitamente; no se pagan sueldos.

Russell continuó con sus enseñanzas hasta que el 31 de octubre de 1916 le llegó la muerte a su paso por Texas mientras viajaba en un tren transcontinental. El antiguo "pastor" había tenido una vida notable: muy coloreada de enredos jurídicos, pero con bastante éxito en el campo de su elección. En atención al lector, y en aras de la verdad, citamos el siguiente informe publicado por *The Brooklyn Daily Eagle* (El diario de Brooklyn) el 1 de noviembre de 1916 (columna necrológica) para autentificar más allá de toda duda la verdadera historia de Charles T. Russell, a fin de que aun sus más devotos seguidores puedan darse cuenta de cuál era el carácter del hombre a cuyas enseñanzas han confiado su destino eterno:

Un año después de establecida esta publicación —*La Atalaya*—, Russell se casó con María Ackley en Pittsburgh. La mujer había llegado a sentir interés por él a través de sus enseñanzas, y lo ayudó a dirigir la Torre del Vigía.

En 1881 —dos años más tarde— surgió la "Sociedad Bíblica y de Tratados Torre del Vigía", la agencia a través de la cual en años posteriores se publicarían (como anuncios) en periódicos de todo el mundo los sermones del "pastor" Russell. Esta Sociedad progresó de un modo asombroso bajo la administración conjunta de marido y mujer; pero en 1897 la señora Russell abandonó a su esposo, y seis años más tarde, en 1903, solicitó la separación. En 1906 se obtuvo la orden judicial después de un testimonio espectacular, y el "pastor" Russell fue obligado por los tribunales a pagar.

Hubo entonces mucho litigio —bastante indeseable desde el punto de vista del "pastor"— sobre la pensión que debía pasarle a su mujer; pero el pleito quedó zanjado en 1909 con el pago de 6.006 dólares a la señora Russell. Aquel litigio reveló que las actividades del "pastor" Russell en el terreno religioso se llevaban a cabo mediante varias sociedades filiales, y que toda la riqueza que obtenía a través de dichas sociedades estaba bajo el control de una compañía matriz en la que el pastor poseía 990 de cada 1.000 dólares de capital y dos de sus seguidores los otros 10.

De modo que, aparentemente, Russell controlaba todo el poder financiero de la Sociedad y no tenía que dar cuentas a nadie. La columna del diario de Brooklyn sigue diciendo:

Después de que la "obra" hubo sido bien iniciada aquí, la revista de la Sociedad de la Torre, del "pastor" Russell, anunció la venta de semilla de trigo por un dólar la libra. Se le llamaba "trigo milagroso", y se aseguraba que crecería cinco veces más que cualquier otra clase de dicho cereal. También se atribuían otras propiedades a aquella semilla de trigo, y se aconsejaba a los seguidores de la organización que la compraran, ya que las ganancias irían a parar a la Torre del Vigía y servirían para publicar los sermones del "pastor".

El *Eagle* fue el primero en dar a conocer los hechos acerca de esta nueva empresa de los ruselistas, y publicó una caricatura tal del "pastor" y su "trigo milagroso", que Charles T. Russell nos demandó por calumnia y pidió una indemnización de 100.000 dólares. Los departamentos del gobierno investigaron el trigo por el que se pedía un dólar la libra, y sus agentes fueron testigos importantes en el juicio por difamación que se celebró en enero de 1913. Según dijeron dichos agentes gubernamentales, el "trigo milagroso" había dado un bajo resultado en las pruebas del Gobierno; y el *Eagle* ganó el pleito.

Antes de entrar al juicio, el *Eagle* había anunciado:

El *Eagle* va incluso más allá, y declara que durante el juicio demostrará que la secta religiosa del "pastor" Russell no es más que un montaje para sacar dinero.

La decisión del tribunal vindicó lo afirmado por el *Eagle* demostrando su fiabilidad.

Durante todo ese tiempo los sermones del "pastor" se estuvieron imprimiendo en periódicos de todo el mundo; principalmente cuando Russell realizó una gira internacional en 1912, e hizo publicar relatos en las columnas que pagaba de acogidas entusiastas en los diferentes lugares que había visitado. En muchos casos se demostró que los sermones jamás fueron pronunciados en los sitios donde se pretendía.

Por el bien de cualquier testigo de Jehová ingenuo que pueda pensar que el fraude del "trigo milagroso" no es más que una invención de ciertos religiosos fanáticos y celosos quienes tratan de difamar la memoria del "pastor", documentamos a continuación el escándalo, el juicio y el veredicto resultantes. He aquí, sacados de los originales de *The Brooklyn Daily Eagle* (que se conservan en la actualidad en microfilmes en Nueva York) las siguientes fechas y artículos:

(1) 1 de enero de 1913, pp. 1, 2, El escándalo del "trigo milagroso".

(2) 22 de enero de 1913, p. 2, Testimonio de las creencias ruselistas.

(3) 23, 24 de enero de 1913, p. 3, Testimonio acerca del trigo.

(4) 25 de enero de 1913, p. 16, Declaraciones financieras que demuestran que Russell tiene el control absoluto, hechas por el secretario-tesorero Van Amberg.

(5) *Declaración de Van Amberg*: ". . . Sólo somos responsables de nuestros gastos ante Dios; y ante nadie más".

(6) 27 de enero de 1913, p. 3, Los expertos del gobierno testifican acerca del "trigo milagroso", y determinan más allá de toda duda que éste no es ni milagroso ni demasiado excelente.

(7) 28 de enero de 1913, p. 2, Resumen de la acusación y la defensa; Russell atacado, pero ausente del tribunal.

(8) 29 de enero de 1913, p. 16, Russell pierde el juicio por difamación.

En estos últimos años, la Sociedad de la Torre ha sostenido que Russell jamás ganó dinero con el "trigo milagroso", y que las ganancias de la venta fueron "contribuciones" a la organización; pasando por alto que él mismo controlaba la Sociedad económicamente con la posesión de 990 de las 1.000 acciones. ¡Cualquier contribución a la organización se dirigía a Charles T. Russell!

El *Eagle* de Brooklyn dirigió la lucha por exponer públicamente la hipocresía del "pastor" Russell, y nada como el testimonio que presentaron *in situ* podría ser más apropiado para demostrar las muchas pretensiones fraudulentas de éste. La siguiente prueba documental está tomada de la página 18 del número de *The Brooklyn Daily Eagle* correspondiente al 19 de febrero de 1912, y se titula "Los sermones imaginarios del pastor Russell: Informes impresos de discursos que jamás pronunció en el extranjero. Un ejemplo: el de Hawaii". Estos extractos referentes a la "gira internacional" del "pastor" son muy esclarecedores en cuanto a su fiabilidad y veracidad.

El "pastor" Russell, que ha encontrado desagradable el ambiente de Brooklyn desde que el *Eagle* publicó los hechos concernientes a sus métodos y moralidad, está haciendo nueva historia en las partes más lejanas del mundo: pronunciando sermones a auditorios imaginarios en las islas tropicales y llevando a cabo "investigaciones penetrantes" sobre las misiones en China y Japón con sólo pasar algunas horas en cada país.

Tras la exposición que hizo el *Eagle* de la empresa del "pastor" Russell relacionada con el "trigo milagroso" y la publicación del testimonio sobre cuya base obtuvo la señora Russell su separación y pensión, el "pastor" elaboró la idea de una "gira internacional". Russell puso a trabajar su imprenta a fin de producir literatura anticipada, que en enormes paquetes fue enviada a cada sitio donde él tenía la intención de aparecer. Luego alquiló espacio publicitario en muchos periódicos norteamericanos para publicar sus sermones imaginarios.

Su primera escala tras partir de la costa del Pacífico fue Honolulú; e *ipso facto* los diarios en los que se había contratado espacio publicaron largos despachos por cable que presentaban los discursos del "pastor". En uno de los periódicos podían leerse las siguientes frases introductorias: "Honolulú, Islas Hawaii. El Comité de Investigación de Misiones en el Extranjero de la organización Estudiantes Internacionales de la Biblia se detuvo en Honolulú y realizó observaciones. El pastor Russell, presidente del comité, pronunció un discurso público que contó con un grande y entusiasta auditorio."

Entonces viene el sermón, lleno de colorido local y de alusiones al "Paraíso del Pacífico": "Ahora entiendo [pone el informe impreso en boca del 'pastor'] por qué su hermosa isla es "El Paraíso del Pacífico". Me doy cuenta del maravilloso clima que tienen, y de todo lo que contribuye a esa semejanza con el Paraíso."

Y así continúa a través de dos columnas enteras.

Desde hace tiempo se sabe que el "pastor" Russell posee una gran imaginación; pero ahora parece ser que es capaz incluso de pronunciar sermones imaginarios, ya que *jamás habló en Honolulú durante las pocas horas que su barco se detuvo allí para cargar carbón.* Con la esperanza de conseguir un informe fiel de su sermón, el *Eagle* escribió al director del periódico *Hawaiian Star* (Estrella Hawaiana), que se publica en Honolulú, y esta fue la contestación que recibió poco después: "En respuesta a su pregunta del 19 de diciembre concerniente al pastor Russell, yo diría que estuvo aquí durante algunas horas con un comité de investigación de misiones en el extranjero de estudiantes de la Biblia; pero no pronunció ningún discurso público como se había anunciado". Firmado: Walter G. Smith, Director del *Star*.

El que esto pudiera tener lugar meramente en una ocasión aislada se ve refutado por otra documentación. La siguiente evidencia está sacada del número de *The Brooklyn Daily Eagle* correspondiente al 11 de enero de 1913:

Gira por Oriente calificada de enorme montaje publicitario.

El *Japan Weekly Chronicle* (Crónica Semanal del Japón), en su número correspondiente al 11 de enero proporciona cierta información interesante en cuanto a los métodos del "pastor" para llevar el ruselismo a los paganos y a la velocidad con que se están realizando sus penetrantes investigaciones en las misiones del mundo. Tras explicar que la oficina del periódico se había visto bombardeada durante semanas enteras con literatura de Russell y visitas previas de agentes con contratos "como si el reverendo caballero no fuera otra cosa que una compañía de teatro mundana", el *Chronicle* dice: "Estos caballeros llegaron a Japón el sábado 30 de diciembre, y al día siguiente el "pastor" Russell pronunció un sermón en Tokio titulado "¿Dónde están los muertos?", que —aunque el título es un poco ambiguo— no parece guardar ninguna relación especial con la labor misionera. Se da por sentado que el lunes comenzó y acabó dicha labor misionera en Japón, ya que el día siguiente parece haberse dedicado a viajar, y el miércoles el "pastor" Russell y sus coadjutores partieron de Kobe hacia China en el mismo barco en que habían llegado a Yokohama... ¡Verdaderamente toda la expedición no es más que un enorme montaje publicitario!"

Russell siguió con muchos de esos ardides publicitarios, y a pesar de sus declaraciones de que los gobiernos terrenales y las leyes eran organizaciones del diablo, siempre fue el primero en reclamar su protección cuando le convino.

Para añadir un ejemplo más al pleito del *Eagle*, Russell llevó a juicio por "calumnia difamatoria" al reverendo J.J. Ross, pastor de la Iglesia Bautista de la calle James, de Hamilton, Ontario, cuando el intrépido ministro escribió un feroz opúsculo denunciando la teología y la vida personal del "pastor". Russell perdió aquel caso (véase *The Brooklyn Daily Eagle*, 11 de enero de 1913) en el que J.F. Rutherford era su abogado. Para el beneficio del lector interesado relatamos aquí los hechos concernientes al juicio por calumnia tal y como sucedieron.

En junio de 1912, el Reverendo J.J. Ross, pastor de la Iglesia Bautista de la calle James, en Hamilton, Ontario, publicó un folleto titulado *Algunos hechos acerca del autodesignado "pastor" Charles T. Russell*, de sus calificaciones como ministro, o de su ejemplo moral como "pastor". Charles T. Russell demandó inmediatamente a Ross por "calumnia difamatoria" en un esfuerzo por silenciar al valiente ministro bautista antes de que su folleto alcanzara una amplia circulación y expusiera su verdadero carácter y los errores de su teología. Sin embargo, al señor Ross no le causó impresión la acción legal de Russell, y aprovechó con ansias la oportunidad que se le brindaba para exponer el gran engaño de éste. En su folleto, Ross atacaba las enseñanzas de Russell que aparecían en *Estudios de las Escrituras*, calificándolas de "doctrinas destructivas de un hombre que no es ni erudito ni teólogo." El señor Ross denunciaba con severidad todo el sistema de Russell como "antirracional, anticientífico, antibíblico, anticristiano, y una deplorable perversión del evangelio del amado Hijo de Dios."

Siguiendo con sus acusaciones en el folleto, Ross presentaba a Russell como un seudo erudito y filósofo que "jamás ha asistido a un centro de enseñanza superior, y que no conoce nada de filosofía, teología sistemática o histórica, y es un completo ignorante de las lenguas muertas." Llegado este momento, el lector debe comprender claramente que en un juicio por calumnia del tipo que perseguía Russell, el demandante (el mismo Russell) tenía que *probar* que los cargos presentados contra él por el demandado (Ross) no eran ciertos. Resulta significativo señalar que Russell perdió su pleito contra Ross cuando el Alto Tribunal de Ontario, en su sesión de marzo de 1913, falló que no había pruebas de calumnia, y "el caso quedó cerrado por la evidencia que presentó el propio 'pastor' Russell."[1]

El "pastor" Russell se negó a dar ninguna prueba que justificara sus argumentos, y la única evidencia que presentó fueron sus propias declaraciones, hechas bajo juramento y en interrogatorio riguroso llevado a cabo por el letrado Staunton, abogado de Ross. Al negar las acusaciones de Ross, Russell reclamó para sí un alto ascendiente académico, reconoció una preparación teológica —tanto sistemática como histórica— así como un conocimiento práctico de las lenguas muertas (griego, hebreo, etc.) y la ordenación válida de un grupo reconocido.[2] A cada parte del folleto de Ross (el cual se leyó por entero), Russell respondió con vigorosas negativas, menos al mencionarse el "escándalo del trigo milagroso", en el cual afirmó que había "un grano de verdad en un sentido".[3] Por fin el "pastor" Russell había cometido una grave equivocación, testificando bajo juramento ante el Dios Altísimo, y comprometiéndose a decir "la verdad, toda la verdad y nada más que la verdad". Pronto habría de lamentar su testimonio y de peligrar como perjuro, una experiencia desagradable para el "pastor" que explica más que sobradamente su aversión al estrado de los testigos.

Los testigos de Jehová no pueden negar esta evidencia documental; está demasiado bien probada. No se trata de ninguna "estratagema de fanáticos religiosos" para "manchar" la memoria del "pastor"; la presento como una prueba irrefutable de la inherente falta de honradez y de principios morales de su fundador, a fin de que vean el tipo de hombre que era aquel a cuyas doctrinas han encomendado sus almas eternas.

Las siguientes citas están tomadas en parte del segundo folleto del señor Ross, titulado: *Algunos hechos y más hechos acerca del autodesignado "pastor" Charles T. Russell:*

Pero ¿cuáles fueron los hechos que salieron a la luz a raíz del interrogatorio del 17 de marzo de 1913? En relación con su categoría académica (Russell) había jurado que lo dicho acerca de ella no era cierto. Sin embargo, en el interrogatorio admitió que lo máximo que había hecho era asistir a la escuela pública durante siete años de su vida, y que había abandonado la escuela cuando contaba aproximadamente catorce años de edad.

El interrogatorio riguroso de Russell continuó durante cinco horas; y he aquí una muestra de lo que el "pastor" contestó:

Pregunta: (Abogado Staunton) —¿Conoce usted el alfabeto griego?

Respuesta: (Russell) —Claro que lo conozco.

Pregunta: (Staunton) —¿Podría decirme correctamente las letras si las viera?

Respuesta: (Russell) —Algunas. Es posible que me equivoque en otras.

Pregunta: (Staunton) —¿Podría decirme cómo se llaman las de lá parte de arriba de la página... página 447 que tengo aquí?

Respuesta: (Russell —Bueno, no sé si seré capaz...

Pregunta: (Staunton) —¿No puede usted decir qué letras son? Mírelas y vea si las conoce.

Respuesta: (Russell) —Me parece que... [en ese momento se le interrumpió y no se le permitió explicar].

Pregunta: (Staunton) —¿Está usted familiarizado con el idioma griego?

Respuesta: (Russell) —No.

Por este testimonio registrado debería advertirse que Russell se contradijo a menudo, pretendiendo primeramente "conocer" el alfabeto griego, luego afirmando bajo presión que podía cometer equivocaciones al identificar las letras, y por último admitiendo que no era capaz de leer dicho alfabeto en absoluto al ponerle delante una copia del mismo.

De esto es fácil deducir que Russell *no* conocía el alfabeto griego en el sentido propio del término; ya que cuando decimos "conocer" el alfabeto inglés, por ejemplo, ello significa que podemos nombrar las letras correctamente si se nos pregunta.

Por tanto, al no poder decir el nombre de las letras del alfabeto griego, el "pastor" Russell demostró ser un perjuro; ya que anteriormente había afirmado que conocía dichas letras, lo cual implicaba la capacidad de recitarlas, cosa que *no* pudo hacer.

De modo que poco importa si la Torre del Vigía reconoce o no la culpabilidad de Russell, ya que su propio trasunto del juicio demuestra que el "pastor" dijo "conocer" lo que más tarde se comprobó que no conocía.

Esta es una evidencia concluyente: no hay duda en absoluto de que el "pastor" se hizo culpable de perjurio. ¿Puede uno sinceramente confiar en las enseñanzas de un hombre a quien no le importó tal evidencia?

Sin embargo, ese no fue todo el testimonio de Russell, y al ser presionado por el letrado Staunton, el "pastor" admitió que no sabía *nada* de latín ni de hebreo, y que jamás había estudiado ningún curso de filosofía o teología sistemática, ni mucho menos asistido a centros de enseñanza superior. Tenga usted en cuenta que poco antes Russell había jurado que *poseía* dicho conocimiento al negar las alegaciones del señor Ross. Pero ahora no tenía salida: el "pastor" había sido tomado en una invención descarada y lo sabía; sin embargo, la cosa no había aún terminado. Se recordará asimismo que Russell pretendió haber sido "ordenado" y tener un nivel igual o superior al de los ministros acreditados. Lo siguiente que hizo el abogado Staunton fue hacer pedazo aquella ilusión pidiéndole que contestara "Sí" o "No" a las siguientes preguntas:

Pregunta: (Abogado de Ross) —¿Es cierto que usted no ha sido jamás ordenado?
Respuesta: (Russell) —No es cierto.

Llegado este punto, el abogado Staunton tuvo que apelar al magistrado para que Russell contestara la pregunta directamente; y el juez presidente ordenó que el "pastor" debía responder a las preguntas que se le hacían. He aquí el resultado de ese riguroso interrogatorio:

Pregunta: (Abogado Staunton) —Entonces ¿usted jamás fue ordenado por un obispo, clérigo, presbiterio, consejo u otro cuerpo de hombres vivos?

Respuesta: (Russell, después de una larga pausa) —No, jamás lo fui.

Una vez más la "constante" honradez de Russell recibió un duro golpe. La situación estaba fuera de su control, y Charles T. Russell se encontró desvalido mientras el abogado Staunton le sacaba una tras otra las declaraciones que hacían de él un perjuro premeditado más allá de toda duda. Russell juró además que su esposa no se había divorciado de él, y que los tribunales no le habían concedido a ésta una pensión que él tenía que pasarle. Fue una declaración que pronto lamentó haber hecho, ya que el abogado Staunton lo obligó a admitir que los tribunales sí lo habían divorciado[4] de su mujer y concedido a ella una pensión. La evidencia se había establecido; el caso estaba claro. Russell fue marcado como perjuro por el veredicto del tribunal: "No ha lugar a la demanda". Como resultado del juicio, las acusaciones del señor Ross demostraron ser ciertas, y el verdadero carácter de Russell quedó revelado: se trataba de un hombre sin escrúpulos a la hora de mentir bajo juramento, y cuyas doctrinas de acuerdo con lo dicho no estaban basadas en ningún conocimiento educativo del tema en cuestión. Hay muchas pruebas disponibles en cuanto a la vida moral de Charles T. Russell; pero no veo razón para inyectar lascivia en el presente texto. El carácter del hombre resulta bastante evidente para todos.

El susceptible "pastor" podría haber practicado lo que predicaba una vez siquiera si hubiera prestado oído a la amonestación de Cristo en lo referente a soportar con paciencia cuando a uno lo "vituperan y persiguen" (Mateo 5:11, 12); pero en el caso de Russell esto no tiene aplicación posible. Sin embargo, Charles T. Russell aprovechaba cada oportunidad que se le presentaba para ganar dinero, y como consecuencia de ello los enfrentamientos legales eran frecuentes. Russell se las arreglaba magistralmente para dar siempre un salto más allá de la ley, y de no haber sido por Rutherford, que era un inteligente abogado, tal vez no le hubiera ido tan bien al "pastor". Siempre que se hallaba arrinconado, Charles T. Russell se escondía tras el velo del mártir por causa de la intolerancia religiosa; y a pesar de las denuncias de iglesias y pastores, conseguía de algún modo escapar a los efectos de la mala publicidad. La Iglesia cristiana lo combatió abiertamente, pero sin el esfuerzo unificado necesario para aplastar su osado estilo de vida. Algunos pastores e iglesias se unieron (véase *The Brooklyn Daily Eagle* correspondiente al 2 de enero de 1913, pág. 18) y pidieron a modo de amenaza que se silenciara a Russell. El "pastor" también fue deportado del Canadá por obstaculizar la movilización (véase *The Daily Standard Union* (El diario de la unión) del 1 de noviembre de 1916), y en los comienzos de la Primera Guerra Mundial se reveló como un prominente objetor de conciencia, como aún lo son hoy día sus seguidores, los Testigos de Jehová.

Como orador, Russell se ganó a muchos; como teólogo no impresionó a nadie que fuera competente; como hombre falló ante el Dios verdadero. El "pastor" viajó extensamente, habló sin cesar, e hizo campaña con mucha energía a favor de "un gran despertamiento" entre la gente del mundo. Escribiendo y dando conferencias negó muchas de las doctrinas cardinales de la Biblia: la Trinidad, la deidad de Cristo, la resurrección física de Jesús y su regreso corporal al mundo, el castigo eterno, la realidad del infierno, la existencia eterna del alma y la validez de la expiación infinita del Señor, por mencionar algunas. El hecho cierto es que Russell no tenía ninguna preparación ni educación especial que justificara su interpretación de la Escritura. Con ello no quiero decir que para la exégesis sea necesaria una gran erudición; pero cuando un hombre contradice prácticamente cada una de las principales doctrinas de la Biblia, debería contar con la preparación necesaria para defender (si ello es posible) sus argumentos. El "pastor" Russell no poseía ese conocimiento, ni siquiera cumplía los requisitos para ser ordenado por ningún grupo reconocido. El título de "pastor" lo asumió, no lo ganó; y para documentar este hecho citamos *The Brooklyn Daily Eagle* en su edición correspondiente al 1 de noviembre de 1916: "Aunque se autodesignaba 'pastor', y así lo llamaban sus miles de seguidores por todo el mundo, nunca fue ordenado y no poseía categoría ministerial en ninguna otra secta religiosa que no fuera la suya."

Psicológicamente hablando, Russell era un ególatra cuya imaginación no conocía fronteras, y es clasificado (por sus seguidores) junto con San Pablo, Wycliffe y Lutero como un gran expositor del evangelio. Esas son palabras livianas para un hombre que presentaba sus escritos como necesarios para una clara comprensión de las Escrituras, y que en cierta ocasión declaró que sería mejor leer sus libros y dejar sin leer la Biblia que al contrario.

Por el bien de los que sean tan ingenuos como para creer que el "pastor" no hizo tal aseveración, documentamos la declaración anterior con *La Atalaya* correspondiente al 15 de septiembre de 1910, donde Russell hace las siguientes afirmaciones respecto a sus *Estudios de las Escrituras* y al valor "indispensable" de éstos, cuando se examina la Biblia.

> Si los seis volúmenes de los *Estudios de las Escrituras* son prácticamente la Biblia ordenada por temas y con textos bíblicos como prueba, no sería impropio llamar a esos volúmenes *La Biblia en forma ordenada*; es decir, que no se trata meramente de comentarios sobre la Escritura, sino *prácticamente de la Biblia misma...*
>
> Además, no sólo descubrimos que *la gente no puede comprender el plan divino estudiando únicamente la Biblia*; sino que también vemos que si alguien deja a un lado los Estudios de las Escrituras, aun después de haberlos usado, haberse familiarizado con ellos, y haberlos leído durante diez años —si los deja a un lado entonces, los pasa por alto, y estudia sólo la Biblia—, aunque haya comprendido la Biblia durante esos diez años, nuestra experiencia revela que al cabo de dos más *cae en las tinieblas.* Por otra parte, si la persona ha leído meramente los Estudios de las Escrituras con sus referencias, y *ni una sola página de la Biblia como tal,* estará en la *luz* después de esos dos años; porque tendrá la luz de las Escrituras.[5]

En ningún otro sitio se reveló mejor la egolatría y el atrevimiento de Russell que en esa declaración. Piénselo; según el "pastor", es imposible comprender el plan de salvación de Dios independientemente de la teología ruselista; y el relegar el estudio personal a la Biblia sola, sin las interpretaciones de Russell, es andar en tinieblas al cabo de los dos años. Pero hay un rayo de esperanza para los que sean tan necios que estudien la Palabra de Dios y nada más: si todos adoptan el ruselismo como guía en la interpretación bíblica, la humanidad entrará en una "nueva" Era del Reino; ya que entonces, gracias a las exposiciones del "pastor", se habrá llegado a la verdadera comprensión de las doctrinas básicas de la Biblia. Para citar las palabras del señor Ross: "Esta inspiración procede del abismo."

Hoy día los Testigos de Jehová siguen esta misma escuela de interpretación teológica. El ruselismo no murió con Charles Taze Russell, sino que vive bajo el nombre de *La Atalaya*. El sueño del "pastor" ha sobrevivido al que lo tuvo y permanece hoy día como un desafío viviente para los cristianos en todas partes. Reconozcámoslo como lo que es y desenmascaremos los principios erróneos en que se basa.

Tras la muerte de Russell, el timón del liderato fue ocupado por el juez Joseph Franklin Rutherford, que se desempeñó noblemente a los ojos de la Sociedad atacando las doctrinas de la "religión organizada" con un vigor sin paralelo, y cuyas charlas radiofónicas, discos fonográficos, numerosos libros y resonantes acusaciones contra la cristiandad reverberaron en las crónicas de la organización hasta su muerte de cáncer, el 8 de enero de 1942, en su suntuosa mansión "Beth Sarim" de San Diego, California, a la edad de 72 años. La carrera de Rutherford no fue menos asombrosa que la de Russell; ya que el juez era un adversario respetable, se tratara de acciones de "estafa", o de aquellos que ponían en entredicho sus decisiones en la Sociedad.

A lo largo de los años que siguieron a la muerte de Russell, Rutherford creció en poder y popularidad entre los "ruselistas", y oponerse a él equivalía a cuestionar la autoridad del mismo Jehová. Un ejemplo de esta soberanía de un solo hombre lo tenemos en la fricción que se dio en el movimiento cuando Rutherford denunció el esquema piramidal de profecías de Russell como un intento de encontrar la voluntad de Dios fuera de las Escrituras (1929). Muchos de los seguidores de la teoría de Russell abandonaron la Sociedad como resultado de esta acción por parte de Rutherford, viéndose criticados mordazmente por el vituperioso juez, quien los amenazó con que "sufrirían la destrucción" si no se arrepentían y reconocían la voluntad de Dios expresada a través de la Sociedad.

Rutherford también se acercó a veces a la engreída egolatría de su predecesor, y especialmente cuando en su folleto *Why Serve Jehovah?* (¿Por qué servir a Jehová?), declaró en efecto que él era el vocero de Jehová para este tiempo, y que Dios había designado sus palabras como expresión del mandato divino. Es verdaderamente provechoso observar que Rutherford, como toda otra "encarnación de la infalibilidad", manifestaba una ignorancia insondable de las amonestaciones expresas de Dios especialmente en contra de los que predican "diferente evangelio" (Gálatas 1:8, 9).

El temor a las represalias o a la represión no fue nunca característico del juez Rutherford, y con bastante frecuencia éste mostraba un desdén absoluto por todas las "religiones" y sus líderes. Atacando ferozmente la persecución de los "testigos" en 1933, Rutherford desafió a toda la cristiandad, especialmente a la Iglesia Católica Romana, a contestar a sus acusaciones de intolerancia religiosa. Huelga decir que no le hicieron caso. El juez también batalló contra el Concilio Federal de las Iglesias de Cristo en los Estados Unidos, e incluso se ofreció a pagar la mitad del precio de un debate radiofónico sobre el tema de la persecución. Al no prestársele atención, Rutherford se calmó por un tiempo. Sin embargo nada habría de moderar los estallidos vociferantes del juez, y ni siquiera una condena en la Penitenciaría Federal de Atlanta en 1918, por violación del "Decreto de Espionaje", pudo silenciar los ataques de Rutherford. El juez salió de Atlanta en marzo de 1919, y volvió al rebaño de los "testigos" como un héroemártir. Este es un complejo del que se apropian todos los Testigos de Jehová al menor pretexto. Verdaderamente les encanta hacer el papel de santos perseguidos; lo único que lamentamos es que algunos de nuestros gobernantes menos prudentes les hayan complacido de una manera tan servicial.

Por lo tanto, no se puede pasar por alto a la persona de J.R. Rutherford en ninguna verdadera evaluación que busque información válida referente a la historia de la Sociedad. El gran magnetismo personal y el aire de misterio que rodean al hombre son con toda probabilidad los responsables de su éxito como líder; ya que incluso cuando vivía era casi una figura legendaria. El juez rehuía las fotografías, aunque era muy fotogénico y presentaba un aspecto imponente y solemne cuando se hallaba vestido con su conocido cuello doblado, su corbata de lazo y su traje negro. Los espejuelos de lectura que colgaban de un cordón alrededor del corpulento perfil de Su Señoría acentuaban la ilusión de una importancia digna, así como su título de juez, que contrariamente a la opinión popular ostentaba desde los primeros días de su práctica jurídica cuando ejerció como juez especial del Tribunal del Octavo Circuito en Boonville, Missouri. Rutherford también poseía una voz grave y potente, capaz de mantener la atención de grandes auditorios con su efecto *in crescendo*; pero pocas veces aparecía en público, y llevaba una vida privada muy protegida. Hacia el final de sus días el reinado del juez no fue excesivamente tranquilo; sobre todo cuando en 1939 el depuesto director del equipo legal de los "testigos", Olin Moyle, demandó por calumnia a Rutherford y a varios miembros de la junta directiva de la Torre del Vigía. Moyle ganó el pleito —un juicio de 25.000 dólares— en 1944; dos años después de la muerte de J.F. Rutherford.

Al comparar a Russell y a Rutherford debe señalarse que el primero fue un pigmeo literario comparado con su sucesor. De los escritos de Russell se distribuyeron aproximadamente 15 ó 20 millones de ejemplares en un período de sesenta años; mientras que de los de Rutherford, en la mitad de tiempo, la cantidad fue de muchas veces ese número. El prolífico juez escribió más de cien libros y folletos, y para 1941 sus obras habían sido traducidas a ochenta idiomas. Este fue, pues, el segundo gran campeón de la Sociedad, quien a pesar de sus muchos fallos se irguió como un hombre realmente extraordinario según todos los criterios. Russell y Rutherford constituyen las dos figuras claves de la historia de la Torre del Vigía, y sin ellos no hay duda de que la organización jamás habría visto la luz. Pero las conjeturas nunca han eliminado ningún problema; y los Testigos de Jehová son un problema al que debe enfrentarse hoy día todo cristiano inteligente.

El sucesor de Rutherford como presidente de la asociación fue Nathan Homer Knorr, elegido inmediatamente después de la muerte del juez. Knorr era responsable de la Escuela de Preparación Misionera "Galaad", en South Lansing, Nueva York. El nuevo presidente siguió con diligencia las huellas de Russell y Rutherford, y bajo su tutela el cristianismo se enfrentó a mucha oposición. Knorr murió en junio de 1977, y Frederick W. Franz, un antiguo líder y por aquel entonces vicepresidente de la Sociedad, ocupó su cargo y continúa dirigiendo la Torre del Vigía según la pauta marcada por sus antecesores. Con cada uno de los presidentes que se suceden, el control de la Sociedad se hace más férreo.

Uno de los rasgos más desoladores que se manifiestan en la literatura y en las enseñanzas de los Testigos de Jehová es la indiferencia total que aparentemente sienten por los hechos históricos y la consecuencia literaria responsable; al mismo tiempo, condenan a todos sus oponentes religiosos como "enemigos de Dios"[6] y responsables de lo que ellos denominan "una estafa".[7]

Ya hace algún tiempo que el autor se ha sentido considerablemente inquietado por las constantes negativas de los Testigos de Jehová a admitir cualquier conexión teológica con el "pastor" Charles T. Russell, su reconocido fundador y primer presidente de la Sociedad Bíblica y de Tratados Torre del Vigía. Puesto que hace mucho que se demostró que Russell era un perjuro, un enemigo implacable del cristianismo histórico y un defraudador escolástico, es obvio el por qué los "testigos" tratan de evitar su influencia y su memoria siempre que sea posible. Sin embargo, debería arrojarse cierta luz sobre las repetidas contradicciones en las que incurren los Testigos de Jehová en su celo por justificar su posición, y sobre sus siempre fluctuantes doctrinas. Según mi punto de vista, ellos siguen las enseñanzas básicas de Charles T. Russell con relación a muchas doctrinas bíblicas que éste negó; y voy a documentar mi acusación recurriendo a sus propias publicaciones.

En sus ansias por repudiar la acusación de "ruselismo", los "testigos" dicen dogmáticamente: "Pero ¿quién está predicando las enseñanzas del pastor Russell? ¡No los Testigos de Jehová, desde luego! No se los puede acusar de seguirlo a él, ya que *ni lo citan como una autoridad ni publican o distribuyen sus escritos*".[8] Esta es la afirmación de la revista de los "testigos"; pero comparemos ahora dicha afirmación con la historia, y la verdad quedará claramente revelada.

Según la historia, los Testigos de Jehová han citado al "pastor" Russell muchas veces desde la muerte de éste en 1916. La siguiente es una muestra de lo que podemos presentar como prueba concreta: En 1923, siete años después del fallecimiento del "pastor", el juez J.F. Rutherford, entonces heredero evidente del trono ruselista, escribió un opúsculo de cincuenta y tantas páginas titulado: *World Distress—Why and the Remedy* (La aflicción mundial: La razón y el remedio). En este tratado informativo, el nuevo presidente de la Sociedad Bíblica y de Tratados de la Torre del Vigía y de Estudiantes Internacionales de la Biblia citaba al "pastor" Russell no menos de *dieciséis* veces; se refería a sus libros, *Estudios de las Escrituras*, más de *doce*; y dedicaba *seis* páginas al final del folleto a anunciar esos mismos volúmenes. Además de esto, en un opúsculo de cincuenta y siete páginas publicado en 1925, y titulado *Comfort for the People* (Consuelo para el pueblo), del mismo Rutherford, "Su Señoría", en un talante verdaderamente ruselista, define a los clérigos como "perros tontos", sigue citando la cronología profética del "pastor Russell" (1914 d.C.),[9] y luego resume su diatriba contra el cristianismo universal recomendando los escritos de Russell en *cuatro* páginas de anuncios en la parte final del libro.

Así el negro fantasma de los hechos históricos empieza a atravesar el antes alegre cuadro de un movimiento "desruselizado".[10] Pero consultemos un poco más la historia: En el año 1927 la Sociedad Bíblica y de Tratados Torre del Vigía publicó el "gran" esfuerzo literario del juez Rutherford, titulado *Creation* (Creación), que circuló en millones de ejemplares, y en el que aparecía esta afirmación acerca del "pastor" Russell:

La segunda presencia de Cristo data de aproximadamente 1874. Desde aquellos días gran cantidad de verdades oscurecidas por el enemigo durante mucho tiempo comenzaron a serle restauradas al cristiano sincero.

Al igual que William Tyndale fue usado por Dios para llamar la atención de la gente sobre la Biblia, el Señor utilizó a Charles T. Russell para hacer lo mismo con relación a la *comprensión* de la Biblia: particularmente de aquellas verdades que habían sido arrebatadas por las maquinaciones del diablo y sus agentes. Pero ya que era el tiempo escogido por Dios para restaurar dichas verdades, Él usó a Charles T. Russell, haciéndolo que escribiera y publicase los libros titulados *Estudios de las Escrituras*, por los que las grandes verdades fundamentales del plan divino son aclaradas. Satanás ha hecho cuanto ha podido para destruir esos libros, porque los mismos *explican* las Escrituras. Del mismo modo que la versión de la Biblia de Tyndale fue destruida por el clero, también el clero en varias partes del mundo ha reunido miles de volúmenes de *Estudios de las Escrituras* y los ha quemado públicamente. Pero tal perversidad sólo ha servido para propagar la verdad del plan divino.

Considere esta declaración del entonces presidente de los Testigos de Jehová. Rutherford cita claramente a Russell y sus escritos como material autorizado; sin embargo, hoy día *La Atalaya* pretende que los *Testigos de Jehová están libres* de la contaminación del "ruselismo".

Al concluir esta breve sinopsis histórica de la Sociedad de la Torre, citamos el gran final de la oración fúnebre de J.F. Rutherford sobre los restos postrados de "nuestro querido hermano Russell", quien, según rezaba el signo floral colocado cerca de su ataúd, había sido "fiel hasta la muerte". En aquella ocasión, el juez expresó: "Nuestro hermano no duerme de muerte, sino que ha sido cambiado instantáneamente de la naturaleza humana a la divina, y está para siempre con el Señor". Este episodio de la historia de los Testigos de Jehová se cita por su carácter único; para mostrar la adoración que sintieron hacia Russell los antepasados teológicos de los que hoy día niegan su influencia.

Dejando la historia pasada de los "testigos", me propongo contestar ahora a los que dicen: "Tal vez la Sociedad lo haya citado en el pasado, pero eso fue antes de la muerte del juez Rutherford... en la actualidad no lo hacemos; y después de todo ¿no hemos dicho que los Testigos de Jehová 'ni lo citan... ni publican o distribuyen sus escritos'? La expresión está en tiempo *presente*, no pretérito." Esta sería —lo reconocemos— una estupenda refutación de nuestras afirmaciones si fuera cierta; pero como ahora probaremos de modo concluyente, no lo es. Los testigos de Jehová no sólo han citado al "pastor" como una autoridad en el pasado —antes de la muerte de Rutherford en 1942—, sino muchas veces desde entonces hasta el momento presente.

En la edición de *La Atalaya* correspondiente al 15 de julio de 1950, los "testigos" citaban al "pastor" Russell como una autoridad en lo concerniente a su cronología sobre el reino de 2,520 años de los gentiles, el cual supuestamente terminó según sus cálculos (y los de los Testigos de Jehová), en 1914 d.C. Para hacer esta contradicción todavía más irremediable, indicaban como fuente de su información *La Atalaya* de 1880, ¡de la que el "pastor" Russell era director! Ahora bien, si ellos "no consideran sus escritos como autorizados ni los hacen circular", ¿por qué (1) publican su cronología, (2) citan su publicación como evidencia y (3) admiten sus enseñanzas en este aspecto vital de su teología?

Para acabar con cualquier idea equivocada referente a las deficiencias literarias de los Testigos de Jehová, referiré al lector interesado a un folleto publicado por la Torre del Vigía en 1953, titulado *Jehovah's Witnesses, Communists or Christians* (Los testigos de Jehová: ¿comunistas o cristianos?) En la mayor parte del contenido de esta propaganda, los Testigos de Jehová defienden la tesis de que no son comunistas —y desde luego no lo son—; pero en su celo por probar que están limpios al respecto, citan los escritos del "pastor" Russell no menos de *cinco veces*, refiriéndose a los mismos con evidente orgullo *dos de ellas*, e incluso mencionan *dos* de sus obras más conocidas: *The Plan of the Ages* (1886) (El plan divino de las edades) y *The Battle of Armageddon* (1897) (La batalla de Armagedón). Además de esto, *La Atalaya* en su número correspondiente al 1 de octubre de 1953, citaba los *Estudios de las Escrituras* del "pastor" Russell —y *Vindication* (Vindicación) del juez Rutherford—, prueba verdaderamente convincente de que la Torre del Vigía todavía sigue la teología de su tan repudiado fundador. Todo esto a pesar de que, según sus propias palabras, los Testigos de Jehová "ni lo citan [a Russell] como una autoridad ni publican o distribuyen sus escritos". Por otro lado, *Jehovah's Witnesses in the Divine Purpose* (Los Testigos de Jehová en el propósito divino), una historia de la Sociedad publicada en 1959, dedicaba casi cincuenta páginas a Russell y a su incalculable contribución a la Torre del Vigía y a sus doctrinas. Luego, más recientemente, la publicación *God's Kingdom of a Thousand Years Has Approached* (El reino de Dios de mil años se ha acercado), de la Sociedad de la Torre, basaba su afirmación sobre el fin de "los tiempos de los gentiles" en estudios y declaraciones de Russell.

A través de un examen cuidadoso de estos hechos, es fácil determinar que los Testigos de Jehová no han dejado nunca de ser "ruselitas", sin importar lo fuerte que puedan proclamar lo contrario. A los que se encuentran atrapados en la red de la Torre del Vigía sólo podemos decirles: "Usted *no* está siguiendo una 'nueva' organización teocrática, sino las viejas enseñanzas de Charles Taze Russell: un enconado antagonista del cristianismo histórico que le ha legado un evangelio de confusión espiritual." A los que contemplan la posibilidad de hacerse miembros de la Sociedad de la Torre, les rogamos que sopesen la evidencia aquí presentada y procedente de cualquier otra fuente[11] y juzguen por sí mismos si no es más prudente confiar en las claras enseñanzas de la Biblia y en la guía del Espíritu Santo, que unirse a un grupo de gente entusiasta pero errada que son como "ciegos que guían a ciegos por el ancho camino que lleva a la perdición". Debe recordarse que estas personas han abandonado prácticamente todas las doctrinas cardinales del cristianismo bíblico para seguir las dogmáticas desviaciones doctrinales de Charles Taze Russell y J.F. Rutherford. A la luz de las Sagradas Escrituras, el ruselismo resulta ser, sin embargo, un lazo del que solamente Jesucristo puede liberar.

Esta es, por tanto, la historia de los Testigos de Jehová; el producto de Charles Taze Russell, quien por no buscar instrucción en la Palabra de Dios dedicó sus talentos innatos a una vana y solitaria búsqueda sin la guía del Espíritu Santo. Esta tentativa ha producido una secta de determinada gente que está persuadida en su propia mente, e intenta osadamente convencer a todos los demás, de que el reino de Dios se halla "presente", y de que ellos son los testigos de Jehová, únicos servidores *verdaderos* del Dios viviente.

CAPITULO DOS

Algunas de las doctrinas de los Testigos de Jehová

I. Hay un ser único desde toda la eternidad: Jehová Dios, Creador y Preservador del universo y de todas las cosas visibles e invisibles.

II. El Verbo —o Logos— es "un dios": el "principio de la creación" de Jehová, y su agente activo en la creación de todas las cosas. El Logos se hizo humano en el hombre Jesús y sufrió la muerte para pagar el rescate o precio de la redención de los hombres obedientes.

III. La Biblia es la Palabra de Dios inspirada e infalible, tal como fue dada en un principio, y ha sido preservada por El como reveladora de sus propósitos.

IV. Satanás fue un gran ángel que se rebeló contra Jehová y desafío su soberanía. A través de Satanás, el pecado y la muerte vinieron sobre el hombre. Su destino es la aniquilación con todos sus seguidores.

V. El hombre fue creado a imagen de Jehová, pero pecó voluntariamente; por lo tanto, todos los hombres nacen pecadores y son "de la tierra". Los que siguen fielmente a Jesucristo hasta la muerte heredarán con El el reino celestial. Los hombres de buena voluntad que acepten a Jehová y su gobierno teocrático disfrutarán de la "nueva tierra"; todos los demás —los que lo rechacen— serán aniquilados.

VI. La expiación es un rescate pagado por Jesucristo a Jehová Dios, y aplicable a todos los que lo aceptan en justicia. En una palabra: la muerte de Jesús quitó los efectos del pecado de Adán en su descendencia y puso los fundamentos del Nuevo Mundo de justicia, incluso el Milenio del reinado de Cristo.

VII. El hombre Jesucristo fue resucitado como divina criatura espiritual después de pagar el rescate por el hombre obediente.

VIII. El alma del hombre no es eterna, sino mortal, y puede morir. Los animales también tienen almas, aunque el hombre ocupa un lugar preeminente al ser una criatura *especial*.

IX. El infierno, como lugar de "tormento de fuego" donde los pecadores permanecen después de la muerte y hasta la resurrección, no existe. Se trata de una doctrina de la "religión organizada", no de la Biblia. El infierno es la fosa común de la humanidad; literalmente el *seol* (en hebreo): "un sitio de descanso en esperanza" donde los difuntos duermen hasta la resurrección que llevará a cabo Jehová Dios.

X. El castigo eterno es una sanción, una pena que no tiene fin; no significa "tormento eterno" de las almas vivientes. El aniquilamiento o "muerte segunda" constituye la suerte de los que rechazan a Jehová Dios, y es eterno.

XI. Jesucristo volvió a la tierra en 1914 d.C., expulsó a Satanás del cielo y está procediendo a derrocar la organización del diablo, a establecer el teocrático reino milenial, y a vindicar el nombre de Jehová Dios. Jesús no volvió en forma corporal, y como el Logos, es invisible.

XII. El reino de Jehová es supremo, y como tal no puede ser compatible con el presente gobierno humano ("la organización visible del diablo"); y toda lealtad a este último, en cualquier forma que viole la lealtad debida a Dios, es una violación de la Escritura.

La Santísima Trinidad

1. "En resumen, la doctrina es que hay tres dioses en uno: 'Dios Padre, Dios Hijo, y Dios Espíritu Santo'—los tres iguales en poder, sustancia y eternidad (*Let God Be True*—Sea Dios veraz—, Brooklyn: Watchtower Bible and Tract Society, ed. 1946, pág. 100).

2. "Por lo tanto, la conclusión obvia es que fue Satanás quien dio origen a la doctrina de la Trinidad" (*Ibid.*, pág. 101)

3. "Las personas sinceras que desean conocer al verdadero Dios y servirle encuentran bastante difícil amar y adorar a un Dios

complicado, raro, con tres cabezas" *(Ibid.*, pág. 102).

4. "La doctrina de la Trinidad no fue concebida por Jesús ni por los cristianos primitivos" *(Ibid.*, pág. 111).

5. "La pura verdad es que se trata de otro intento de Satanás para impedir que las personas temerosas de Dios aprendan la verdad acerca de Jehová y de su Hijo: Jesucristo. No, no hay ninguna Trinidad" *(Ibid.*, pág. 111).

6. "Cualquier intento de razonar la enseñanza acerca de la Trinidad conduce a la confusión mental; y de igual manera esta doctrina enturbia el significado de Juan 1:1, 2, en vez de simplificarlo o hacerlo de fácil comprensión" *"The Word" Who Is He? According to John*, pág. 7, ("El Verbo", ¿Quién es? Según Juan).

La deidad de Cristo

1. "Las verdaderas Escrituras hablan del Hijo de Dios, el Verbo, como de 'un dios'. El es un 'dios poderoso'; pero no el Dios Todopoderoso, que es Jehová" *—The Truth Shall Make You Free—*(La verdad os hará libres), Brooklyn: Watchtower Bible and Tract Society, 1943, pág. 47).

2. "En otras palabras: él fue la primera y directa creación de Jehová Dios"*—The Kingdom Is at Hand—* (El Reino se ha acercado) , Brooklyn: Watchtower Bible and Tract Society, 1944, págs. 46, 47, 49).

3. "La Biblia enseña que sólo hay un Dios. . . 'mayor que su Hijo'. . . . Y que el Hijo, como primogénito, unigénito y 'la creación de Dios', tuvo un comienzo. Es razonable, fácil de comprender, y lo que la Biblia enseña, que el Padre sea mayor y más antiguo que el Hijo"*—From Paradise Lost to Paradise Regained—* (De paraíso perdido a paraíso recobrado), Brooklyn: Watchtower Bible and Tract Society, 1958, pág. 164).

4. "Jesús era 'el Hijo de Dios', ¡no Dios mismo!" *"The Word" Who Is He? According to John*, pág. 20, ("El Verbo", ¿Quién es? Según Juan).

5. "El mismo hecho de que fuera enviado demuestra que no era igual a Dios, sino menor que Dios su Padre" *(Ibid.*, pág. 41).

6. "Ciertamente, el apóstol Juan no era tan irrazonable como para decir que alguien (el Verbo) estaba con algún otro individuo

(Dios), y al mismo tiempo era ese otro individuo (Dios)" (*Ibid.*, pág. 53).

El Espíritu Santo

1. "El espíritu santo es la fuerza activa invisible del Dios Todopoderoso, la cual mueve a sus siervos a hacer su voluntad" (*Let God Be True*, pág. 108).

2. "En cuanto al "Espíritu Santo", la llamada "tercera Persona de la Trinidad", ya hemos visto que no es una persona, sino la fuerza activa de Dios" (*The Truth That Leads to Eternal Life*—La verdad que lleva a vida eterna—, Brooklyn: Watchtower Bible and Tract Society, 1968, pág. 24).

3.. "Las mismas Escrituras se unen en la enseñanza de que el espíritu santo de Dios no es una persona, sino su *fuerza activa* por medio de la cual lleva a cabo su propósito y ejecuta su voluntad" (*Aid to Bible Understanding*—Ayuda para un entendimiento de la Biblia—, Brooklyn: Watchtower Bible and Tract Society, 1969, 1971, pág. 1543).

El nacimiento virginal

1. "María era una virgen. . . .

". . . cuando José supo que María iba a tener un hijo, no quiso tomarla por esposa. Pero el ángel de Dios. . . dijo: ". . . lo que ha sido engendrado en ella es por espíritu santo". . . . Entonces José . . . llevó a casa a su esposa. "Pero no tuvo coito con ella hasta que ella dio a luz un hijo" —Mateo 1:20–25—" (*From Paradise Lost to Paradise Regained*, págs. 122, 123).

2. "Jesús fue concebido por un Padre perfecto y sin pecado: Jehová Dios. . . .

"Jesús no recibió la vida humana del pecador Adán, sino que sólo recibió un cuerpo humano por medio de María, descendiente de Adán. La vida de Jesús vino de Jehová Dios, el Santo.

". . . Jehová tomó la vida perfecta de su Hijo unigénito y la transfirió o pasó desde el cielo a la célula huevo en el vientre de María, que era soltera. Así fue concebido como criatura humana el Hijo de Dios, o sea, se le dio comienzo como tal criatura. Fue un milagro. Bajo el poder santo de Jehová el niño Jesús, concebido de este modo, creció en el vientre de María hasta que llegó el tiempo de ser dado a luz." *(Ibid.*, págs. 126, 127).

3. "El nacimiento de Jesús sobre la tierra no fue una encarnación... él se vació a sí mismo de todas las cosas celestiales y espirituales, y el todopoderoso espíritu de Dios transfirió la vida de su Hijo a la matriz de una virgen judía descendiente de David aquí en el mundo. Por este milagro nació como hombre... no era un híbrido mitad espíritu mitad humano; sino un hombre, y al mismo tiempo una persona espiritual.... Era carne" (*What Has Religion Done for Mankind?*, —¿Qué ha hecho la religión por la humanidad?—pág. 231).

La expiación

1. "Lo que se redime o se vuelve a comprar es lo que se había perdido; a saber, la vida humana perfecta, con sus derechos y sus perspectivas terrenas" (*Let God Be True*, pág. 114).

2. "Jesús, el glorificado Sumo Sacerdote, por haber presentado en el cielo este precio redentor se encuentra en posición de liberar a los creyentes de la descendencia de Adán, de la incapacidad congénita que es suya al nacer" *(Ibid.*, pág. 114).

3. "La vida humana que Jesús puso como sacrificio, tiene que ser exactamente igual a la que Adán perdió para toda su descendencia: una vida humana perfecta, ni más, ni menos.... Eso es exactamente lo que Jesús dio... por hombres de todos los linajes" (*You May Survive Armageddon into God's New World*,—Usted puede sobrevivir al Armagedón—, Brooklyn: Watchtower Bible and Tract Society, 1955, pág. 39).

La salvación por gracia

1. "La inmortalidad es un premio a la fidelidad; no le viene automáticamente al ser humano cuando nace" (*Let God Be True*, pág. 74).

2. "La gente de buena voluntad que hoy día se aprovecha de la provisión y permanece firme en esta confianza, descubrirá en Cristo a su 'Padre eterno' (Isaías 9:6)" *(Ibid.*, pág. 121).

3. "Hemos aprendido que una persona podría apartarse del camino y recibir un juicio desfavorable ahora o en el Armagedón, o durante el reinado de mil años de Cristo, o al cabo de la prueba final. . . .hacerse merecedor de la destrucción eterna" (*From Paradise Lost to Paradise Regained,* pág. 241).

La resurrección de Cristo

1. "Este primogénito de entre los muertos fue resucitado de la tumba, no como una criatura humana, sino como un espíritu" (*Let God Be True,* pág. 276).

2. "Jehová Dios lo resucitó de los muertos, no como un Hijo humano, sino como un poderoso e inmortal Hijo "en espíritu". . . Durante cuarenta días después de aquello, El se materializó, de igual manera que lo habían hecho anteriormente los ángeles, para manifestarse vivo a sus discípulos" (*Ibid.,* pág. 40).

3. "Jesús no se llevó su cuerpo humano al cielo para estar allí por siempre como hombre; de haberlo hecho, eso lo habría dejado perpetuamente menor que los ángeles. . . . Dios no tenía el propósito de que Jesús fuera humillado de esa manera al ser un hombre de carne y hueso para siempre. No, sino que una vez que hubo sacrificado su perfecta humanidad, Dios lo levantó a una vida inmortal como una gloriosa criatura espiritual" *Ibid.,* pág. 41).

4. "Por lo general no se daban cuenta al principio de que era Jesús, porque apareció en diferentes cuerpos. Aparecía y desaparecía así como lo habían hecho los ángeles, porque había sido resucitado como espíritu. Sólo porque Tomás no quiso creer apareció Jesús en un cuerpo como aquel en que había muerto" (*From Paradise Lost to Paradise Regained,* pág. 144).

El regreso de Cristo y el gobierno humano

1. "Cristo Jesús no vuelve como humano otra vez, sino como una gloriosa persona "en espíritu" (*Let God Be True,* pág. 196).

2. "Algunos esperan equivocadamente un cumplimiento literal de las declaraciones simbólicas de la Biblia, y contemplar al Cristo glorificado que viene sentado en una nube blanca donde todo ojo humano pueda verlo. . . . Ya que ningún hombre terrenal ha visto

nunca al Padre. . . tampoco verán al Hijo glorificado" (*Ibid.*, pág. 186).

3. "Esto no quiere decir que él [Cristo][12] esté de camino o haya prometido venir, sino que ya ha llegado y está aquí" (*Ibid.*, pág. 198).

4. "Cualquier bandera nacional es un símbolo o una imagen del poder soberano de su nación" (*Ibid.*, pág. 242).

5. "Todas esas imágenes [símbolos de un poder nacional: águila, sol, león, etc.] están prohibidos por Exodo 20:2–6 [el mandamiento contra la idolatría]" (*Ibid.*, pág. 242).

6. "Por tanto, ningún testigo de Jehová que le atribuye la salvación *sólo* a El puede saludar a ningún emblema nacional sin violar el mandamiento de Dios contra la idolatría como se formula en su Palabra" (*Ibid.*, pág. 243).

La existencia del infierno y del castigo eterno

1. "Los que han sido enseñados por la cristiandad a creer la apóstata doctrina de un infierno de fuego, en el que se atormenten a las almas humanas conscientes. . ." (*Let God Be True*, pág. 88).

2. "Está tan claro que el infierno de que habla la Biblia es la fosa común de la humanidad, que un sincero niñito puede comprenderlo; pero no los teólogos religiosos" (*Ibid.*, pág. 92).

3. "¿Quién es el responsable de esta doctrina infamante de Dios de un infierno de tormento? El promulgador de ella es Satanás mismo, y su propósito al introducirla ha sido aterrorizar a la gente para que se aparte del estudio de la Biblia y aborrezca a Dios" (*Ibid.*, pág. 98).

4. "El hombre imperfecto no tortura ni siquiera a un perro rabioso, lo mata; sin embargo, los clérigos atribuyen a Dios, quien es amor, el perverso crimen de torturar a las criaturas humanas por el mero hecho de haber tenido la mala suerte de nacer pecadores" (*Ibid.*, pág. 99).

5. "La doctrina de un infierno de fuego donde los malos son torturados eternamente después de la muerte no puede ser verdad por cuatro razones principales: (1) Porque es totalmente antibíblica; (2) porque es irracional; (3) porque contradice el amor de Dios; y (4) porque es repugnante a la justicia" (*Ibid.*, pág. 99).

El hombre alma viviente: su naturaleza y su destino

1. "El hombre es una combinación de dos cosas: el 'polvo de la tierra' y el 'aliento de vida'; dicha combinación de cosas (o factores) produjo un alma viviente o criatura llamada hombre" *(Ibid.*, pág. 68).

2. "Así que vemos que la pretensión de los fanáticos religiosos de que el hombre es un alma inmortal y por tanto difiere de los animales, no es bíblica" *(Ibid.*, pág. 68).

3. "El hecho de que el alma humana es mortal se puede demostrar ampliamente por medio de un estudio cuidadoso de las Sagradas Escrituras. Un alma inmortal no puede morir; pero la Palabra de Dios, en Ezequiel 18:4, dice referente a los humanos: '¡Miren! Todas las almas. . . a mí me pertenecen. . . . El alma que esté pecando. . . ella misma morirá" *(Ibid.*, pág. 69, 70).

5. "Por tanto, es obvio que fue la serpiente (el diablo) quien produjo la doctrina de la inmortalidad inherente de las almas humanas" *(Ibid.*, págs. 74, 75).

6. "Las Escrituras enseñan que el destino del hombre pecador es la muerte" *(Ibid.*, pág. 75).

7. "Sólo las Sagradas Escrituras ofrecen una esperanza real para los que buscan a Jehová y se esfuerzan por seguir sus caminos" *(Ibid.*, pág. 75).

El reino de los cielos (un reino celestial)

1. "¿Quiénes y cuántos pueden entrar en él [en el Reino]? La Revelación limita a 144.000 el número de los que llegan a ser parte del Reino y están en el Monte de Sion celestial" *(Ibid.*, pág. 136).

2. "En su calidad de sacerdotes y reyes de Dios reinan mil años con Cristo Jesús" *(Ibid.*, pág. 137).

3. "El [Cristo] fue a preparar un lugar celestial para sus coherederos —el "cuerpo de Cristo"—, porque ellos también ·serán criaturas invisibles 'en espíritu' " *(Ibid.*, pág. 138).

4. "Si ha de haber un reino celestial, ¿quiénes serán los súbditos de dicho Reino? En la esfera invisible las huestes angélicas —miríadas de ellas— servirán como fieles mensajeros del Rey; y sobre la tierra, los hijos leales del Rey Jesucristo —incluyendo a

sus propios antepasados fieles entonces resucitados— serán 'príncipes sobre toda la tierra'. . . . Luego, también, la 'gran multitud' de sus 'otras ovejas' . . . continuarán sirviéndolo 'día y noche', y muchas de ellas serán igualmente 'príncipes' . . . se multiplicarán y llenarán la tierra en justicia, y sus hijos se convertirán en obedientes súbditos del Rey Cristo Jesús. Por último, los 'injustos', quienes serán resucitados para entonces, para probar su integridad deben someterse gozosamente al reino teocrático. . . . Los que demuestren ser rebeldes o se conviertan en infieles durante el tiempo en que Satanás será soltado al final de los mil años del reinado de Cristo, serán aniquilados con el diablo" (*Ibid.*, págs. 318, 319).

5. "El Creador amó tanto al nuevo mundo que dio a su Hijo unigénito para que éste fuese su Rey" (*Ibid.*, pág. 143).

6. "Obedece al Rey Jesucristo y huye, mientras aún hay tiempo, a las cumbres del Reino . . . El tiempo que resta es corto, porque 'el reino de los cielos se ha acercado'." (*Ibid.*, pág. 144).

Los Testigos de Jehová se sienten muy molestos cuando se hace referencia a ellos como "ruselistas" o a su teología como "ruselismo". Después de un examen meticuloso de las doctrinas de la Sociedad, y una larga comparación de las mismas con las enseñanzas de su fundador, el "pastor" Russell, el autor está convencido de que ambos sistemas son básicamente iguales; las diferencias que pueden existir son mínimas y no afectan de una manera importante las creencias fundamentales de la organización. Creo, sin embargo, que en cualquier proyecto de investigación se deben presentar pruebas verificables siempre que sea posible. He intentado hacerlo, y como consecuencia de ellos he enumerado a continuación cinco de las principales doctrinas de los Testigos de Jehová, comparándolas con las enseñanzas de Charles Taze Russell, su difunto gran "pastor". Estoy seguro de que el lector interesado reconocerá la relación evidente entre los dos sistemas, ya que es ineludible que Russell es el autor de ambos.

Enseñanzas de Charles Taze Russell o "ruselismo"	Doctrinas de los Testigos de Jehová

I. El Dios uno y trino
(Hablando de Juan 1:1–3).

1. "Este concepto [la Trinidad][13] se adaptaba bien a la 'era de oscurantismo' que ayudó a crear" (*Studies in the Scriptures*, Vol. V, pág. 166).

1. "¿Significa eso que Jehová Dios (Elohim) y el . . . Hijo son dos personas pero al mismo tiempo un Dios y miembros de una supuesta 'trinidad' o 'dios trino'? Cuando la religión así lo enseña, viola la Palabra de Dios, tuerce las Escrituras para perdición de los que son engañados, e insulta la inteligencia y la razón dadas por Dios" (*The Truth Shall Make You Free*, pág. 45).

2. "Esta teoría. . . es tan antibíblica como poco razonable" (*Ibid.*, Vol. V. pág. 166).

2. "Lo que causa la confusión es una traducción inadecuada de Juan 1:1–3 . . . ya que tal traducción fue hecha por religiosos fanáticos que trataron de fabricar pruebas para su enseñanza acerca de una 'trinidad' " (*Ibid.*, págs. 45, 46).

3. "Si no fuera porque este disparate trinitario nos ha sido inculcado desde la más tierna infancia, y porque es enseñado solemnemente en los seminarios teológicos por profesores canosos . . .nadie le dedicaría ni un momento de seria consideración" (*Ibid.*, Vol. V. pág. 166).

3. "La conclusión obvia es, por tanto, que fue Satanás quien produjo la 'doctrina de la trinidad' " (*Let God Be True*, pág. 101).

II. La deidad de Jesucristo

1. "Nuestro Señor Jesucristo es *un* Dios. . . aun así, la voz unánime de las Escrituras afirma enfáticamente que sólo hay un Dios todopoderoso, el Padre de todos" (*Studies in the Scriptures*, Vol. V, pág. 55).

.1. "Las verdaderas Escrituras hablan del Hijo de Dios —el Verbo— como de 'un dios'. El es un 'dios poderoso', pero no el Todopoderoso Dios, Jehová —Isaías 9:6" (*The Truth Shall Make You Free*, pág. 47).

2. "Nuestro Redentor existía como un ser espiritual antes de hacerse carne y habitar entre los hombres.

En aquel entonces, como también más tarde, se le conocía propiamente como "un dios" —uno poderoso— (*Ibid.*, Vol. V, pág. 84).

2. "Comenzó su existencia al ser creado por el eterno Dios, Jehová, sin la ayuda o instrumentalidad de ninguna madre. En otras palabras: él fue la primera y directa creación de Jehová Dios... él constituyó el comienzo de la obra creadora de Dios.... El no era una encarnación, sino carne, un Hijo de Dios humano, un hombre perfecto que había dejado de ser espíritu, aunque con un pasado y un trasfondo espiritual o celestial" (*The Kingdom Is at Hand*, pág. 46, 47, 49).

3. "El Logos [Cristo] mismo fue 'el principio de la creación de Dios' " (*Ibid.*, Vol. V, pág. 86).

3. "Este no era Jehová Dios, pero existía 'en forma de Dios'... Era una persona espiritual... alguien poderoso, aunque no Todopoderoso como Jehová Dios... él era un Dios, pero no el Dios Omnipotente Jehová" (*Let God Be True*, págs. 32, 33).

4. "Como jefe de los ángeles y segundo después del Padre, él [Cristo] era conocido como el Arcángel (el ángel más alto, o el mensajero), cuyo nombre, Miguel, significa 'Quién como Dios' o 'el Representante de Dios' " (*Ibid.*, Vol. V, p. 84).

4. "Siendo el unigénito Hijo de Dios... el Verbo sería un príncipe entre todas las otras criaturas. En este cargo él [Cristo] tenía otro nombre en el cielo: 'Miguel'.... Con el paso del tiempo el Hijo recibió también otros nombres" (*The Truth Shall Make You Free*, p. 49).

III. La resurrección de Cristo

1. "Nuestro Señor fue muerto en *carne*, pero vivificado en *espíritu*; lo mataron como *hombre*, pero fue resucitado de los muertos como un *ser espiritual* del rango más alto en la naturaleza divina" (*Studies in the Scriptures*, Vol. V, p. 453).

1. "En su resurrección dejó de ser humano; fue levantado como una criatura "en espíritu" (*The Kingdom Is at Hand*, p. 258).

2. "El hombre Jesús no puede ser el Segundo Adán, el *nuevo* padre de la raza en lugar de aquél; ya que el *hombre* Jesús está muerto, muerto para siempre" (*Ibid.*, Vol. V, p. 454).

3. "El [Cristo] creaba y adoptaba instantáneamente el cuerpo de carne y las vestiduras que consideraba oportunas para cumplir sus propósitos" (*Ibid.*, Vol. II, p. 127).

4. "El cuerpo humano de nuestro Señor. . . no se descompuso o se corrompió. . . Si se deshizo en gases o se conserva todavía en algún lugar. . . nadie lo sabe" (*Ibid.*, Vol. II, p. 129).

2. "Jehová Dios lo levantó de los muertos, no como a un Hijo humano, sino como a un poderoso e inmortal Hijo en espíritu" (*Let God Be True*, p. 40).

"Así que el Rey Jesucristo fue muerto en la carne y resucitado como una criatura espiritual invisible" (*Ibid.*, p. 138).

3. "Por tanto, los cuerpos en los que Jesús se manifestó a sus discípulos después de su regreso a la vida no fueron el cuerpo en que lo clavaron en el árbol, sino meras materializaciones según la ocasión y que una o dos veces se asemejaron al cuerpo en el cual había muerto" (*The Kingdom Is at Hand* p. 259).

4. "Este primogénito de los muertos no fue levantado de la tumba como una criatura humana, sino como un espíritu" (*Let God Be True*, p. 276)

IV. El regreso físico de Cristo

1. "Y de la *misma manera* que se fue (sigilosamente, en secreto —en lo que respecta al mundo— y sabido únicamente por sus seguidores), *así*, de este modo, viene otra vez" (*Studies in the Scriptures, Vol. II*, p. 154).

2. "[La idea de Russell de lo que Cristo quería decir, y su enseñanza al respecto]. "El viene en la aurora temprana de la Era Milenial, [Jesús] parece decir. . . Sabed que ya soy un ser espiritual invisible para el ojo humano" (*Ibid.*, Vol. II, p. 191).

1. "Jesucristo no vuelve como humano, sino como una gloriosa persona espiritual" (*Let God Be True*, p. 196).

2. "Ya que ningún hombre terrenal ha visto nunca ni puede ver al Padre, tampoco serán capaces de ver al Hijo glorificado" (*Ibid.*, p. 197).

3. "El [Cristo] no viene en el cuerpo de su humillación —un cuerpo humano— que tomó para sufrir la muerte... sino en su glorioso cuerpo espiritual" (*Ibid.*, Vol. II, p. 108).

3. "Por tanto, es una verdad establecida por las Escrituras que los ojos humanos no lo verán en su segunda venida, y también que El no vendrá en un cuerpo de carne" (*The Truth Shall Make You Free*, p. 295).

4. "Jesucristo llegó al Reino en el año 1914 d.C., pero de una forma invisible para los hombres" (*Ibid.*, p. 300).

V. La existencia del infierno o de un lugar de tormento consciente después de la muerte

1. "Muchos se han empapado de la idea errónea de que Dios juzga a nuestra raza continuamente *con la alternativa de una tortura eterna*, mientras que en el castigo ni siquiera se insinúa algo semejante" (*Studies in the Scriptures*, Vol. I, p. 127).

2. "La tortura eterna no se sugiere en ninguna parte del Antiguo Testamento, y sólo algunas declaraciones en el Nuevo pueden ser tan mal interpretadas que parezcan enseñarla" (*Ibid.*, Vol. I, p. 128).

1. "El infierno de la Biblia es la fosa común de la humanidad" (*Let God Be True*, p. 92).

2. "La **doctrina infamante de Dios**" (*Ibid.*, p. 98).

3. "La doctrina de un infierno de fuego donde los malos son torturados eternamente después de la muerte no puede ser cierta" (*Ibid.*, p. 99).

Al concluir esta comparación, vale la pena señalar que, en lo tocante a los hechos, el nombre de "Testigos de Jehová" es un simple seudónimo de "ruselismo" o de "aurorismo milenial". La semejanza de los dos sistemas es algo más que mera coincidencia o accidente, a pesar de lo fuerte que los "testigos" puedan gritar lo contrario; los hechos hablan por sí mismos. Llegados a este punto, las personas inquisitivas tal vez se pregunten por qué la organización adoptó el nombre de "Testigos de Jehová". La respuesta es más que razonable.

Después de la muerte de Russell, el juez Rutherford —recién

elegido presidente de la Sociedad— vio el peligro que implicaba seguir siendo ruselistas, y a lo largo de un período de quince años se esforzó por encubrir el desagradable pasado del "pastor" que obstaculizaba mucho el avance de la organización. En 1931, Rutherford logró apropiarse el nombre "Testigos de Jehová" de Isaías 43:10, escapando así al título perjudicial de "ruselistas". El juez se las arregló de este modo para esconder el ofensivo trasfondo de la teología ruselista y engañar a millones de personas haciéndoles creer que los Testigos de Jehová eran una organización "diferente". La estrategia de Rutherford ha dado buen resultado para los ruselistas, y como consecuencia de ella hoy día esas almas confiadas y millones más en todas partes creen sinceramente que son miembros del "Nuevo Orden del Reino" bajo Jehová Dios; cuando en realidad no son otra cosa que creyentes engañados en la teología de *un* hombre: Charles Taze Russell, quien demostró que no era ni cristiano ni estudiante calificado de la Biblia. Los Testigos de Jehová que no llevan mucho tiempo en el movimiento niegan en público y en privado que sean ruselistas; y ya que pocos de los antiguos miembros del rebaño personal del "pastor" Russell están todavía con vida, la Sociedad denuncia vehementemente sin correr ningún riesgo cualquier acusación que tienda a demostrar que la teología de Russell es la base de todo el sistema de la Torre del Vigía. Prueba de esto la tenemos en una carta personal que la Sociedad dirigió al autor, fechada el 9 de febrero de 1951, en la que en respuesta a mi pregunta acerca de la influencia de Russell, afirmaban: "No somos 'ruselistas', ya que no seguimos a Charles T. Russell ni a ningún otro hombre imperfecto. Un examen serio de nuestra literatura actual revelaría enseguida que ésta difiere mucho de la de Russell, aunque él fue el primer presidente de nuestra Sociedad".

Además de esto, la Sociedad, en otra carta con fecha del 6 de noviembre de 1950 y firmada por Nathan H. Knorr —entonces su presidente legal—, declaraba que "las últimas publicaciones de la Sociedad Bíblica y de Tratados Torre del Vigía exponen los puntos de vista doctrinales de esta organización, y pienso que cualquier información que usted desee al respecto puede encontrarla por sí mismo sin necesidad de una entrevista". Así que es evidente por esas dos cartas oficiales que debemos juzgar la fe de los Testigos de Jehová por su literatura.

CAPITULO TRES

Refutación de la teología de la Torre

El Dios trino[14]

Una de las doctrinas más grandiosas de la Escritura es la del Dios trino (*tes theótetos*) o de la naturaleza divina misma. Decir que esta doctrina es un "misterio" resulta en realidad poco concluyente, y ningún ministro bien informado explicará lo que ésta conlleva en términos tan abstractos. Los Testigos de Jehová acusan al "clero" de hacer precisamente eso; sin embargo, resulta desafortunado constatar que, como siempre, los "testigos" incurren en una enunciación inexacta de los hechos —e incluso yerran en su definición de lo que los clérigos cristianos creen que es la Deidad.

En primer lugar, los ministros cristianos y los fieles en general no creen que hay "tres dioses en uno" (*Sea Dios veraz*), pero sí que existen tres personas de la misma sustancia, iguales en dignidad, coexistentes y eternas. La Escritura ofrece amplia base para esta creencia, ya que sugiere con gran energía —si no declara expresamente— la pluralidad en la Deidad. Consideremos simplemente algunas de esas referencias:

En Génesis 1:26, Jehová habla de la creación y lo hace en plural: "*Hagamos* al hombre a nuestra imagen, conforme a *nuestra* semejanza". Ahora bien, es obvio que Dios no crearía al hombre a su imagen y a la de los ángeles, si es que estaba hablando con ellos; de manera que debía estarse dirigiendo a alguna otra persona. ¿Y a quién si no a su *Hijo* y al Espíritu Santo, iguales a El en sustancia, podría Dios hablar en unos términos tan familiares?

44

Puesto que no hay más Dios que Jehová (Isaías 43:10, 11) —ni siquiera "un dios poderoso menor" como los "testigos" afirman que hay—, debe existir una unidad en la pluralidad y en la sustancia, o si no el pasaje no tendría sentido. Y lo mismo sucede con Génesis 11:7; en la torre de Babel, donde Dios dijo: *"Descendamos"*; y con Isaías 6:8: *"¿Quién irá por nosotros?"* Estos ejemplos de pluralidad indican algo más profundo que una relación interpersonal; sugieren con energía lo que desarrolla plenamente el Nuevo Testamento: una unidad triple en el Dios único. La pretensión de los Testigos de Jehová de que Tertuliano y Teófilo propagaron e introdujeron la triple unidad de Dios en el cristianismo es ridícula, y apenas digna de refutarse; cualquier estudio imparcial de los hechos convencerá al estudiante sin prejuicios de que antes que vivieran Tertuliano o Teófilo la doctrina ya se estudiaba y se consideraba sana. Nadie duda de que entre los paganos (babilonios y egipcios) se adoraba a los dioses-demonios; pero llamar a la Trinidad una doctrina del diablo (*Sea Dios veraz*), como hacen los Testigos de Jehová, es blasfemar, y constituye el producto de unas almas sin instrucción y entenebrecidas.

En todo el capítulo titulado "¿Existe una Trinidad?" (*Sea Dios veraz*) el problema de por qué la doctrina de la Trinidad para los Testigos de Jehová resulta "confusa" reside en la interpretación que hacen ellos de la "muerte" como aparece en la Biblia. Para los "testigos" la muerte es el cese del estado consciente, o la *destrucción*; sin embargo, ninguna traducción singular o colectiva de las palabras griegas o hebreas en ningún léxico o diccionario respetable apoyará su punto de vista. En las Escrituras, la muerte se describe como "separación" del cuerpo —como en el caso de la primera muerte (la física)—, y de Dios para toda eternidad, en lo que respecta a la segunda muerte (el lago de fuego de Apocalipsis 20). La muerte nunca tiene el sentido de aniquilación, y los Testigos de Jehová no pueden aducir ninguna palabra del contexto en las lenguas originales para demostrar que sí lo tiene. Para probar lo que digo hay una abundante evidencia acumulada. Acepto comparaciones sobre este punto.

El resto del capítulo trata cuestiones infantiles, algunas de las cuales resulta deprimente mencionar, como: "¿Quién dirigió el universo durante los tres días que Jesús estuvo muerto en la tumba?" (Otra vez se presenta la muerte como extinción del estado consciente); este es otro ejemplo del disparate perpetrado contra personas crédulas. Los Testigos de Jehová tildan de "fanáticos religiosos" a todos los que disienten de los puntos de vista de la organización, sin importarles la validez de su crítica. Los cristianos no creen que la Trinidad se encarnó en Cristo y que eran "tres en uno" durante el ministerio del Señor: Cristo se limitó voluntariamente en su cuerpo terrenal; pero los cielos siempre le estuvieron abiertos. En su bautismo, el Espíritu Santo descendió como una paloma, el Padre habló y el Hijo fue bautizado. ¿Qué más pruebas se necesitan para revelar una unidad triple? Compare el bautismo de Cristo (Mateo 3:16, 17) con la comisión de predicar en el triple nombre de Dios (Mateo 28:19) y la evidencia es clara e innegable. Incluso en la misma encarnación (Lucas 1:35) aparece la Trinidad (véase también Juan 14:16 y 15:26). Desde luego, no es posible comprender plenamente esta revelación; pero esto sabemos: hay una unidad de sustancia, no tres dioses, y esa unidad es una en todos los sentidos, lo cual ninguna persona razonable podría negar tras haber estudiado la evidencia. Cuando Jesús dijo: "El Padre mayor es que yo", estaba diciendo la verdad porque en la "forma de siervo" (Filipenses 2:7), y como hombre, el Hijo estaba sujeto al Padre voluntariamente; pero después de la resurrección, y en el resplandor de su gloria recuperada de donde la había velado (versículo 7, 8), manifestó su deidad al declarar: "Toda potestad me es dada en el cielo y en la tierra" (Mateo 28:18). Esto es prueba positiva de su intrínseca naturaleza y unidad de sustancia. Resulta evidente que el Señor Jesucristo nunca fue inferior al Padre, en lo tocante a su naturaleza, mientras estuvo sobre la tierra.

Los Testigos de Jehová contra las Escrituras, la razón y la Trinidad

Toda secta importante y toda religión no cristiana que busca ridiculizar la teología ortodoxa, ataca continuamente la doctrina de la Trinidad. Los Testigos de Jehová (ruselistas actuales) son los que más vehemencia ponen en este empeño, y ya que bordan con hilos de oro su erróneo pero hábil uso de la terminología en contextos de la Escritura, son también los más peligrosos. A lo largo y a lo ancho de la turbulenta historia de la Torre del Vigía, se ha empleado siempre "un criterio" para medir la credibilidad de cualquier doctrina bíblica: el de la *razón*. Desde la era del "pastor" Russell hasta el día de hoy, la razón ha sido siempre el "gran dios" ante el cual todos los seguidores del movimiento de *El alba milenial*[15] pretenden postrarse con sin igual reverencia. De hecho, el "gran parafraseador" —como se apodó en cierta ocasión a Russell— llegó hasta a afirmar que la razón, o la capacidad de pensar y sacar conclusiones, ¡abría el intelecto del hombre al mismo carácter de Dios! Imagínese, según el "pastor", la naturaleza de Dios es en realidad plenamente accesible a nuestro débil y falible poder de razonamiento. En el primer volumen de la serie *El alba milenial* (posteriormente titulada *Estudios de las Escrituras*), el "pastor" Russell sujeta a Dios a nuestra capacidad de raciocinio: "Examinemos el carácter de los escritos que se consideran inspirados (la Biblia) —expresaba el "pastor"—, para ver si sus enseñanzas corresponden con el carácter que *razonablemente* hemos imputado a Dios". Aquí vemos claramente que para Russell la comprensión por parte del hombre del carácter de Dios no depende de la revelación que Dios hace de sí mismo, y que ha de ser aceptada por la fe, sino de nuestra capacidad para razonar ese carácter sujeto a las leyes de nuestro raciocinio. Obviamente, Russell nunca consideró la Palabra de Jehová según se presenta en el capítulo 55 del profeta Isaías, cuyo discurso niega en forma inequívoca la capacidad de razonamiento del hombre en lo tocante al carácter y a la naturaleza divina de su Creador.

"Porque mis pensamientos no son vuestros pensamientos, ni vuestros caminos mis caminos, dijo Jehová. Como son más altos los cielos que la tierra, así son mis caminos más altos que vuestros caminos, y mis pensamientos más que vuestros pensamientos" (Isaías 55:8, 9). Con esta declaración, Dios ciertamente no está diciendo que debieran abandonarse la razón y el pensamiento en el proceso de búsqueda; sino que nadie puede conocer la mente, la naturaleza ni los pensamientos de Dios en toda su plenitud, ya que el hombre es finito y Él infinito. El término "razón" y sus derivados (razonable, razonador, razonado, etc.) se utilizan ochenta y ocho veces en la Biblia inglesa, y sólo en una de ellas

(Isaías 1:18) Dios se dirige al hombre. Los Testigos de Jehová sostienen que ya que Dios dijo: "¡Vengan y aclaremos las cosas!" *(La Biblia al día)*, El ha dado a la razón un lugar importante; incluso usándola El mismo para comunicarse con sus criaturas. Aunque esto es cierto, sólo lo es en un sentido limitado en el mejor de los casos. Dios nunca dijo: "Razonen la constitución de mi sustancia y naturaleza espiritual"; ni tampoco: "Limiten mi carácter a su capacidad de raciocinio". Sin embargo, los "testigos" al hacer de Cristo (el Logos en Juan 1:1) "un dios" o "un dios poderoso", pero no "Jehová Dios", han incurrido precisamente en estas cosas. En la cita mencionada anteriormente (Isaías 1:18), Jehová mostraba al hombre el camino de la salvación y lo invitaba a ser redimido del pecado; Dios nunca lo invitó a explorar su deidad o a investigar en su mente. El apóstol Pablo dice: "Porque ¿quién entendió la mente del Señor? ¿O quién fue su consejero? ¿O quién le dio a él primero, para que le fuese recompensado? Porque de él, y por él, y para él, son todas las cosas. A él sea la gloria por los siglos" (Romanos 11:34–36).

Pero examinemos ahora esta propaganda típica del arsenal de la Torre del Vigía, y veamos si siguen al "pastor" Russell y su teoría de la razón. En el artículo "Las Escrituras, la razón y la Trinidad" *(La Atalaya*, 1 de enero de 1973), los "testigos" apelan constantemente a la *razón* como norma para determinar lo que Dios piensa. A continuación presentamos algunas citas que creemos ilustran este punto de un modo concluyente.

1. "El mantener que Jehová Dios, el Padre, y Jesucristo, su Hijo, son igualmente eternos es huir ante la razón". Observe que la razón se utiliza como "patrón" para determinar la validez de una doctrina de la Escritura.

2. "Jehová Dios dice: '¡Vengan y aclaremos las cosas!' (Isaías 1:18). Los abogados de la Trinidad admiten que ésta no está sujeta a la *razón* o a la lógica, y por tanto recurren a denominarla "misterio"; *pero la Biblia no contiene ningún misterio divino*, sino sólo "secretos sagrados". Cada uso de la palabra "misterio" o "misterios" en la versión *King James*, viene de la misma raíz griega que significa "cerrar la boca"; es decir: mantener en secreto. *Hay una gran diferencia entre un secreto y un misterio. Un secreto es meramente algo que no se ha dado a conocer; mientras que un misterio*

es aquello que no puede ser comprendido".[16]

Nuevamente el lector interesado debe prestar detenida atención al juego favorito de los "testigos", que consiste en cambiar los términos. *La Atalaya* hace una ingeniosa distinción entre el término "misterio" y la palabra "secreto", y declara que "la Biblia no contiene ningún misterio divino". Se afirma que "un secreto es meramente algo que no se ha dado a conocer; mientras que un misterio es aquello que no puede ser comprendido". En vista de la gravedad de este ejercicio semántico de la Torre del Vigía, nos sentimos obligados a destruir su *fabricada* distinción entre "secreto" y "misterio" por el simple proceso de consultar el diccionario. "Misterio" se define como: "1. Secreto, algo que está escondido o se desconoce". "Secreto", por otra parte, es: "Algo secreto o escondido; misterio". Ciertamente esta es una prueba concluyente de que la Biblia contiene "misterios divinos", por lo que puede deducirse del significado del término. También debe quedar igualmente patente que los Testigos de Jehová no tienen como es obvio ninguna razón para rechazar la palabra "misterio" en lo que respecta a la Biblia o al diccionario. No percibimos ninguna "gran diferencia" entre las dos palabras, como tampoco lo hace el diccionario. La verdad es que la Torre del Vigía rechaza la doctrina de la Trinidad, y otras enseñanzas capitales del cristianismo histórico, no porque sean misteriosas, sino porque están decididos a reducir a Jesús, el Hijo de Dios, a una criatura o a "un segundo dios" a pesar de toda la evidencia bíblica. Los Testigos de Jehová todavía siguen las huellas del "pastor" Russell; y no se necesita ningún diccionario para probarlo.

3. "Jehová Dios nos suministra, por medio de su Palabra, amplias *razones* y bases lógicas para todo aquello respecto a lo cual quiere que ejerzamos fe. . . . *Sólo* podemos cerciorarnos de lo que es correcto mediante un proceso de *razonamiento* de la Palabra de Dios".

Este es uno de los mejores ejemplos de lo que los Testigos de Jehová presentan continuamente como buen razonamiento. No pueden exhibir ni un fragmento de evidencia para respaldar su pretensión antibíblica de que Dios siempre nos da razones para aquellas cosas respecto a las cuales "quiere que ejerzamos fe". Los estudiantes de la Biblia (incluso los "Internacionales")[17] usan ciertamente paja teológica del viento cuando intentan demostrar de un modo tan dogmático e inconcluyente una afirmación. Creemos que un momento de reflexión en las Escrituras revelará que este esfuerzo por subrayar de manera exagerada la *razón* es ilusorio.

Primero: ¿Nos da Dios alguna razón por haber creado a Lucifer y permitido que éste se rebelara contra el Todopoderoso? ¿Se encuentra una razón así en la Escritura? No; y sin embargo debemos creer que él existe, que se opone a Dios y que todas las referencias que la Biblia hace a Satanás son autorizadas. Dios exige que ejerzamos fe en su verdad objetiva, y sin embargo no nos da *nunca* una razón para ello.

Segundo: ¿Da Dios en algún lugar al hombre una explicación "razonable" de cómo es posible que El exista en Trinidad, en tres personas al tiempo que retiene la unidad de naturaleza y esencia? No, esto jamás se explica en la Escritura. La confianza que la Torre del Vigía pone en la razón para su rechazo de la Trinidad es altamente inconsecuente; cuando la comparamos con la manera en que acepta los milagros de Jesús, uno se pregunta qué es lo que ellos consideran "razonable". Si son capaces de creer que Jesús resucitó a Lázaro de los muertos, cambió el agua en vino, y alimentó a los cinco mil con sólo dos peces y cinco panes, *sin* ninguna explicación razonable de "cómo" lo hizo, ¿requeriría el "cómo" de la Trinidad un mayor grado de "razonabilidad"? ¡Con toda certeza lo primero es tan misterioso como lo último!

Tercero: ¿Da Dios en algún lugar al padre afligido que acaba de perder a un hijo una explicación "razonable" del por qué? El que las catástrofes físicas son consecuencia del pecado que pesa sobre la humanidad es algo que nadie discute: pero ¿tiene Dios alguna obligación de dar a ese padre una "razón" en cuanto al por qué se ha llevado a su hijo *en particular*? No, las Escrituras nunca tratan el tema; sin embargo, a través de todo esto Dios nos pide que creamos que esos males aparentemente indescriptibles cumplirán al final su plan divino para nosotros, y a veces requiere de nosotros que creamos en El contra *toda razón* y con el sentir de la fe.

En cuanto a esto se podría decir muchísimo más; pero ya se ha mostrado bastante para refutar de un modo adecuado el argumento de los Testigos de Jehová de que Dios siempre nos da "razones y bases lógicas" para todo aquello referente a lo cual El quiere que ejerzamos fe.

Recordemos también la falsedad de su otra pretensión en ese mismo párrafo: "Sólo podemos cerciorarnos de lo que es correcto mediante un proceso de razonamiento de la Palabra de Dios". Pero Jesús dijo: "Mas el Consolador, el Espíritu Santo, a quien el Padre enviará en mi nombre, él os enseñará todas las cosas, y os recordará todo lo que yo os he dicho" (Juan 14:26). Ahora bien, si la única forma en que podemos cerciorarnos de lo que es correcto es mediante un proceso de razonamiento de la Palabra de Dios, como arguyen los Testigos de Jehová, entonces Jesús y ellos están en total discrepancia, ya que los "testigos" no tienen la guía del Espíritu Santo, puesto que niegan su persona y su deidad. En una controversia de esta naturaleza preferimos escoger el lado de Dios y de su Palabra al confuso ruselismo de la Torre del Vigía.

Cuarto: "Dios, por medio de su Palabra, apela a nuestra razón. La doctrina de la Trinidad es una negación tanto de las Escrituras como de la razón". Como tantos otros ejemplos ingeniosos de fraseología de la Sociedad de la Torre, esta declaración contiene una mezcla de verdad y error; con la justa cantidad de lo primero como para que tenga sentido, y suficiente de lo último para confundir al lector crédulo. Es indiscutiblemente cierto que Dios a través de su Palabra apela a nuestra razón, ya que de no ser así no podríamos comprender sus deseos; pero por el mismo motivo, El no nos invita a inquirir en su naturaleza o carácter. No obstante, los Testigos de Jehová, si entendemos correctamente sus ideas, dan por sentado que la *razón* humana es capaz de hacer precisamente eso.

La Torre del Vigía nunca ha dejado de hacerse eco de la vieja herejía arriana. Esta fue una teoría propagada por Arrio de Alejandría (Egipto) en el siglo IV d.C., la cual enseñaba que Jesús había sido la primera criatura, un segundo dios creado, inferior a Jehová, el Padre; sobre este mito teológico, proscrito por la Iglesia junto con Arrio en el 326 d.C., los "testigos" basan inestablemente todo su sistema.

Los testigos de Jehová saben, por encima de toda duda, que si Jesús es Jehová Dios, cada uno de ellos va a un más allá de fuego, y temen al infierno más que a cualquier otra cosa; esto explica con toda certeza mucho de su antagonismo hacia las doctrinas de la Trinidad y del infierno. Hay que recordar que los "testigos" censuran constantemente la doctrina de la Trinidad como procedente del diablo, y nunca se cansan de proclamar que el infierno de la Biblia es la tumba; el pensamiento de ser castigados en un fuego que nunca se apague por su desobediencia a Dios es probablemente el adhesivo más fuerte que mantiene unidas las débiles tapas de la Torre del Vigía.

Sigamos todavía un poco más la lógica de los "testigos". En los diferentes artículos de *La Atalaya*, hay otros dos términos que se repiten constantemente: "igual" y "coeterno". Dichos términos se utilizan unas seis veces en este artículo en particular, y en cada una de ellas se niega que Jesucristo sea igual o juntamente eterno con Dios su Padre. Esto es lo que dice *La Atalaya*:

> Vemos a Dios en el cielo como el Ser Supremo.... Vemos a su Hijo sobre la tierra expresando deleite en hacer la voluntad del Padre —dos personalidades claramente separadas y distintas, *nada* iguales en absoluto—... Ninguna cosa aquí (Mateo 28:18–20) indica que [el Espíritu Santo] sea una persona, y mucho menos que sea igual a Jehová Dios. El mismo hecho de que el Hijo recibiera su vida del Padre demuestra que *no podría ser coeterno con él* (Juan 1:18; 6:57).... Tampoco se puede argumentar que Dios fuese superior a Jesús sólo porque éste entonces era hombre; ya que *Pablo deja claro que Cristo Jesús, en su forma prehumana, no era igual a su Padre*. En Filipenses 2:1–11 *(Traducción del Nuevo Mundo)*[18] el apóstol aconseja a los cristianos que no se dejen motivar por el egoísmo sino que tengan humildad de mente, como Cristo Jesús, quien, aunque existía en forma de Dios antes de venir a la tierra, no fue *ambicioso* queriendo ser igual a su padre ... Jesús no pretendía ser *El Dios*, sino *sólo* el Hijo de Dios. El que Jesús es inferior a su Padre es también evidente... etc.....
> El Espíritu Santo es la fuerza activa de Dios.... No hay ninguna base para concluir que el Espíritu Santo sea una Persona.... Sí, la Trinidad tiene su origen en el concepto pagano de una multiplicidad, pluralidad o panteón de dioses. La ley que Jehová Dios dio a los judíos afirmaba diametralmente lo contrario: "Jehová nuestro Dios es un *solo* Jehová" (Deuteronomio 6:4).

Examinemos brevemente estas afirmaciones de los Testigos de Jehová, y veamos si tienen algún contenido racional en lo que a la Biblia se refiere. La Torre del Vigía sostiene que Cristo y su Padre no son "iguales en absoluto", lo cual ha supuesto el insulto más atrevido al cristianismo desde que Russell y Rutherford fraguaron y promovieron toda la pesadilla de la Torre del Vigía. Este tipo de incredulidad en lo que respecta a la verdadera deidad de Cristo ha alegrado el corazón de los no intelectuales por todos los Estados Unidos; a quienes les resulta más fácil burlarse de la Trinidad que confiar en la Palabra y en el Hijo de Dios. Concerniente a la relación de Cristo con el Padre, el apóstol Juan, en el capítulo 5 de su Evangelio, versículo 18, al hablar de Jesús y de los judíos, dice: "Por esto los judíos aun más procuraban matarle, porque no sólo quebrantaba el día de reposo, sino que también decía que Dios era su propio Padre, haciéndose *igual* a Dios". La palabra griega que se traduce por "igual", es *ison*, que según el *Thayer Greek Lexicon* (p. 307), una reconocida autoridad, significa: "Igual tanto en calidad como en cantidad, reclamar para uno mismo la *Naturaleza*, el rango y la autoridad que pertenecen a Dios" (Juan 5:18). El doctor Thayer —tomen nota los Testigos de Jehová— era un unitario que negaba la deidad de Cristo como ellos; sin embargo, al ser una persona franca, daba el verdadero sentido de los términos bíblicos aunque éstos contradijeran sus opiniones. Por tanto, la Palabra de Dios se opone directamente a los "testigos", cosa que ellos no se atreven a negar.

La Torre del Vigía argumenta además que ya que Cristo recibió la vida de su Padre —"Yo vivo por el Padre" (Juan 6:57)— no podía ser coeterno con él. A primera vista eso parece plausible; especialmente cuando se conjuga con Juan 5:26: "Como el Padre tiene vida en sí mismo, así también ha dado al Hijo el tener vida en sí mismo". Sin embargo, al tomar este versículo en su contexto, vemos enseguida que no puede significar que Cristo obtuvo su "existencia eterna" del Padre. Juan 1:1 testifica que "el Verbo era Dios"; por tanto, la eternidad resultaba algo inherente a su constitución por naturaleza. La conclusión teológica debe ser entonces que la "vida" de "Dios el Verbo" entró en el tiempo en la persona del "Hijo del Hombre", y por esta operación, el Padre, a través del Espíritu Santo, dio al "Hijo del Hombre" la capacidad de tener "Vida en sí mismo", la misma vida que poseía desde la eternidad como Verbo eterno. Sin embargo, se necesita más que un vistazo para apoyar este retorcido politeísmo de la Torre del Vigía, como pronto veremos. Inconscientemente, los "testigos" de Jehová contestan a su propio galimatías bíblico al citar Filipenses 2:5–11 en la página 22 de su artículo. En este pasaje de la Escritura Pablo reclama la plena deidad para Cristo, y mantiene que en su vida preencarnada existía "en forma de Dios", y que "no estimó el ser *igual* a Dios como cosa a que aferrarse, sino que se despojó a sí mismo, tomando *forma* de siervo, hecho semejante a los hombres". Aquí el término *igual* es otra forma de *ison*, a saber *isa*, que nuevamente indica *igualdad absoluta de naturaleza*; lo cual confirma la verdadera deidad de Cristo. Además, este contexto revela más allá de cualquier duda razonable que *todas* las referencias a Cristo como sujeto a su Padre (Juan 5:26; 6:57) tienen que ver con su existencia terrena, durante la cual "se despojó a sí mismo" para hacerse como uno de nosotros. Esto de ninguna manera afectaba su verdadera deidad o unidad con el Padre; ya que Cristo reclamó ser Jehová (Juan 8:58) al anunciarse a los judíos incrédulos como el "Yo Soy" (Exodo 3:14). Por tanto, dos veces, y en los mismos términos, los "testigos" de Jehová niegan lo que las Escrituras atestiguan específicamente: que Cristo es *igual* a Dios en esencia, carácter y naturaleza; verdades estas que las campañas de cambios terminológicos de la Torre del Vigía jamás podrán mudar. También quisiera llamar la atención del lector de un ejemplo sumamente atrevido de cita incorrecta que la Torre del Vigía emplea muy a menudo en su propaganda: En la página 22, el oráculo ruselista declara: "*Pablo deja claro que Cristo Jesús, en su forma prehumana, no era igual a su Padre. En Filipenses 2:1–11 (Traducción del Nuevo Mundo), el apóstol aconseja a los cristianos que no se dejen motivar por el egoísmo sino que tengan humildad de mente, como Cristo Jesús, quien aunque existía en forma de Dios antes de venir a la tierra, no fue ambicioso queriendo ser igual a su Padre*".

Ahora bien, en lo que respecta al texto original griego de Filipenses 2:1–11 esta es una afirmación absurda y claramente fraudulenta. Pablo nunca menciona siquiera que Cristo tuviese la ambición; ya que ninguno de esos términos griegos se puede traducir por "ambición". Los mismos "testigos" de Jehová no usan tal palabra en su propia Traducción del Nuevo Mundo, como tampoco lo hace ningún otro traductor que conozcamos. A pesar de ello, sin embargo, los "testigos" introducen ese término que oscurece el significado verdadero de los vocablos griegos. Además, y lo que es peor, la Torre del Vigía intenta claramente utilizar la declaración que Pablo hace de la deidad de Cristo como un medio para confundir la cuestión, y mantiene que aquí el apóstol enseñaba que Jesús era inferior en naturaleza a su Padre, cuando en realidad todo el sistema teológico de Pablo dice lo contrario. Si hemos de dar crédito al texto griego, Pablo declara que Jesús *no* consideró su igualdad con Dios como algo "que agarrar ávidamente o robar" (*arpazo* en griego), ya que Él existía previamente a su encarnación como Verbo eterno de Dios (Juan 1:1; 1:14) y como tal compartía las prerrogativas y los atributos del Padre; por tanto, no tenía ningún deseo de luchar por aquello que le pertenecía por naturaleza y herencia. En otros pasajes, Pablo dice que en Cristo "habita corporalmente toda la plenitud de la deidad" (Colosenses 2:9), y lo llama "nuestro gran Dios y Salvador" (Tito 2:13) y "Dios" (Hebreos 1:3, 8). Estas son sólo algunas de las referencias. Hay por lo menos veinticinco más que se podrían citar de sus escritos, y un número superior a setenta y cinco del resto del Nuevo Testamento. Así que, contrariamente a lo que pretende la Torre del Vigía, Pablo nunca escribió su paráfrasis ruselista, ya que incluso el texto griego atestigua contra ellos.

Los "testigos" de Jehová resumen su último estallido contra la doctrina de la Trinidad informándonos que Juan 1:1 debería traducirse: "En [el] principio la Palabra era, y la Palabra estaba con Dios, y la Palabra era *un dios*". Este es otro ejemplo de las profundidades a las cuales la Torre del Vigía está dispuesta a bajar para hacer de Jesús "*un segundo dios*" y así introducir el politeísmo en la fe cristiana. No es necesario decir que ningún traductor reconocido en la historia de la exégesis griega ha respaldado nunca una farsa gramatical tan grande como la traducción de los "testigos", y los traductores de la Torre del Vigía lo saben. Semejante versión indica un nivel de erudición notablemente inferior y no tiene ninguna base en la gramática griega del Nuevo Testamento. Tanto James Moffatt como Edgar Goodspeed, ambos traductores liberales, vierten Juan 1:1 con las palabras: "Y el Verbo era divino"; pero Mantey lo traduce por: "Y el Verbo era Deidad" —como cualquier otra autoridad reconocida en la materia. No obstante, Moffatt y Goodspeed admiten que la Escritura enseña la plena *e igual* deidad de Jesucristo; algo que niegan vehementemente los "testigos" de Jehová. Fuera de duda, la Torre del Vigía de los "testigos" de Jehová presenta una extraña ironía. "Siempre están aprendiendo, y nunca pueden llegar al conocimiento de la verdad". Los movimientos ruselistas (hay otras ramas más pequeñas) gritan unánimes y con fuerza la vieja Escritura judía de "Oye, Israel: Jehová nuestro Dios, Jehová *uno es*", e intentan usarla contra la doctrina de la Trinidad; pero una vez más el idioma traiciona la superficialidad de sus recursos. El término *Echod*, "uno" en hebreo, *no* indica una unidad *absoluta* en muchas partes del Antiguo Testamento, y a menudo denota claramente una *unidad compuesta*; lo cual es un argumento a favor de la Deidad trina (Jehová). En Génesis 2:24, el Señor nos dice: "Dejará el hombre a su padre y a su madre, y se unirá a su mujer, y serán una sola carne" (en hebreo *Bosor Echod*). Ciertamente esto no significa que en el matrimonio un hombre y su mujer se convierten en una *persona*, pero sí que llegan a ser *uno* en su sustancia y son considerados como un *solo* individuo a los ojos de Dios. Advierta esto, por favor: esa es la verdadera unidad. No es una unidad *solitaria* sino *compuesta*. Consideremos un poco más la unidad compuesta: Moisés envió doce espías a Canaán (Números 13:23), y cuando éstos volvieron trajeron consigo un gran racimo de uvas (en hebreo *Eschol Echod*). Ahora bien, ya que en aquel único tallo había cientos de uvas, difícilmente podría tratarse de una unidad absoluta o solitaria; sin embargo, vuelve a utilizarse *Echod* (uno) para describir el racimo. Esto indica de modo concluyente que las uvas se consideraban una misma cosa en el sentido de que tenían el mismo origen; por tanto, queda demostrada nuevamente la *unidad compuesta*. Los "testigos" de Jehová no se cansan de preguntar: "Si Jesús, cuando estaba en la cruz, era realmente una encarnación de Jehová, ¿quién estaba en el cielo?" Esta es una pregunta lógica a la que el capítulo 18 de Génesis da catorce respuestas, cada una confirmando las demás. Como se narra en Génesis 18, Abraham tuvo tres visitantes: dos de ellos eran ángeles (Génesis 19:1); pero al tercero ¡se le llama *catorce veces Jehová Dios*! Este tercer visitante de Abraham se quedó y conversó con él, y luego al partir, dijo referente a Sodoma: "Descenderé ahora, y veré si han consumado su obra según el clamor que ha venido hasta mí; y si no, lo sabré" (18:21). Y así: "Jehová se fue, luego que acabó de hablar a Abraham; y Abraham volvió a su lugar" (versículo 33). Ahora bien, si hemos de creer sin vacilaciones lo que dice Juan —y los "testigos" de Jehová concuerdan en que debe ser así—, "A Dios [el Padre] nadie le vio jamás; el unigénito Hijo [Jesucristo], que está en el seno del Padre, él le ha dado a conocer" (Juan 1:18). Para confundir aun más la peculiar idea que tienen los "testigos" de Dios como una *unidad solitaria*, Jesús mismo dijo concerniente al Padre: "Nunca habéis oído su voz, *ni* habéis visto su aspecto"; "Dios es Espíritu; y los que le adoran, en espíritu y en verdad es necesario que adoren" (Juan 5:37; 4:24). Aquí tenemos entonces la evidencia. Moisés declara que Dios habló cara a cara con Abraham (Génesis 18:26), y Jesús y Juan dicen: "A Dios nadie le vio jamás"; pero Jesús deja claro que El se está refiriendo al *Padre*, y lo mismo hace Juan. Génesis 19:24 resuelve este problema para nosotros de una vez por todas; como aun los "testigos" de Jehová se verán obligados a admitir. Aquí Moisés revela una vista momentánea de la *unidad compuesta* del Dios trino: "Entonces Jehová hizo llover sobre Sodoma y sobre Gomorra azufre y fuego *de parte de Jehová* desde los cielos". Esta es incuestionablemente la única solución al conflicto: Dios Padre hizo llover fuego sobre Sodoma y Gomorra, y Dios Hijo habló y comió con Abraham y Sara. A dos personas (la Tercera Persona de la Trinidad queda revelada más plenamente en el Nuevo Testamento; Juan 14:26; 16:7–14) se les llama Jehová (Génesis 18:21; 19:24; cf. Isaías 9:6; Miqueas 5:2), y ambas son *Una (Echod)* con el Espíritu Santo en una *unidad compuesta* (Deuteronomio 6:4). Dios Padre estaba en el cielo, Dios Hijo murió en la cruz, y Dios Espíritu Santo consuela a la Iglesia hasta que Jesús venga otra vez. Este es el Dios trino al que los "testigos" de Jehová se han comprometido a ridiculizar, censurar y blasfemar en nombre de la "razón humana". En Génesis 1:26, Dios dice: "Hagamos al hombre a *nuestra* imagen, conforme a *nuestra* semejanza"; no a *mi* imagen, ni conforme a *mi* semejanza. Aquí la pluralidad se percibe de forma evidente: Dios habla a su Hijo coeterno (Cristo) y se dirige a El como a un *igual*. Refiriéndose a la torre de Babel, Génesis 11:7, 9 también proporciona un apoyo sólido a la enseñanza del Dios trino. Allí, hablando a su Hijo como a un *igual*, Dios declara: "Descendamos, y confundamos allí su lengua", otra vez un discurso en pluralidad e *igualdad*. Frente a todos estos textos, la Torre del Vigía guarda un extraño silencio; sin embargo, se juntan nuevamente para el ataque en la página 23 de su artículo, y declaran que "no hay ninguna base para concluir que el Espíritu Santo sea una persona". Este es un ataque tan inmaduro y torpe que apenas justifica un esfuerzo para refutarlo. El hecho de que a lo largo de todo el Nuevo Testamento se haga referencia al Espíritu como a una Persona utilizando el género masculino, que se le atribuya una *voluntad* activa ("Si no me fuere, el Consolador no vendría a vosotros", Juan 16:7) —el rasgo más concreto de una personalidad diferenciada— y que se diga que ejerce las funciones de un *maestro* (Juan 16:8), parece toparse con oídos sordos en lo que respecta a la Torre del Vigía. La literatura de los "testigos" de Jehová está también toda llena de preguntas disparatadas como esta: "¿Cómo pudieron los ciento veinte ser bautizados con una Persona en Pentecostés?" (Hechos 1:5; 2:1–4). En contestación a esto, diremos que a los siempre celosos ruselistas se les escapa que el cumplimiento de la profecía de Jesús consignada en Hechos 1:5 se explica en el capítulo 2, versículo 4. Allí, Lucas dice: "Y fueron todos llenos [en griego *eplésthesan*] del Espíritu Santo". Como es bien evidente, Jesús no quería decir que los apóstoles serían "sumergidos" en una Persona, sino que serían llenos y sumergidos en el poder de su presencia, como lo simbolizaron las lenguas "como de fuego". Si los "testigos" de Jehová estudiaran alguna vez las Escrituras con franqueza, con buenos eruditos, y dejaran de dárselas de expertos bíblicos —cosa que no son—, tal vez habría resultados interesantes. Desde luego, no se necesita una gran erudición para recibir el conocimiento salvador de Jesucristo de la Palabra de Dios; pero cuando la gente niega la fe cristiana histórica y censura a los que la profesan, deberían contar con algún apoyo académico; y los "testigos" de Jehová no tienen ninguno. La Torre del Vigía grita a los cuatro vientos que están dispuestos a encontrarse con cualquier persona que tenga una Biblia abierta; pero hasta el momento ninguna de sus supuestas autoridades ha hecho acto de presencia a pesar de nuestras numerosas invitaciones. Nosotros, los cristianos ortodoxos, no deseamos atacar maliciosamente la fe de nadie por "el gusto" de hacerlo; pero debemos ser fieles al mandamiento de nuestro Señor de predicar la Palabra y contender por la fe. Mientras la Torre del Vigía siga con su mascarada de movimiento cristiano y ataque sin provocación o causa bíblica la teología cristiana ortodoxa con artículos tales como "La Escritura, la razón y la Trinidad", levantaremos nuestra voz para replicar a sus constantes tergiversaciones. Con la gracia de Dios, no podemos sino ser fieles a Aquel que, según Apocalipsis 3:14, es "el testigo fiel y verdadero, la *fuente* primaria de la creación de Dios" (La Biblia al día), su Verbo eterno y amado Hijo: nuestro Señor Jesucristo.

Los Testigos de Jehová y el Espíritu Santo

Aunque es uno de los rudimentos de cualquier estudio de la Biblia, debemos defender constantemente la personalidad y la deidad del Espíritu Santo contra los ataques de la Torre del Vigía.

Como ya hemos visto, la Sociedad de la Torre niega la personalidad y la deidad del Espíritu; pero las siguientes citas —unas pocas entre muchas en la Escritura— refutan por completo su postura:

(1) *Hechos 5:3, 4*. En el versículo tres Pedro acusa a Ananías de mentir *al* Espíritu Santo, y en el cuatro declara que el Espíritu Santo es Dios: una ecuación difícil de explicar y más aun de negar para la Torre del Vigía. ¿A quién sino a una persona se le puede mentir?

(2) *Hechos 13:2, 4*. En este contexto, el Espíritu Santo habla y envía; como también lo hace en Hechos 21:10, 11, donde profetiza el encarcelamiento de Pablo. Sólo una personalidad puede hacer estas cosas, y *no* "una fuerza activa invisible", como los "testigos" de Jehová lo describen.

(3) Por último, referencias tales como Juan 14:16, 17, 26 y 16:7–14 no necesitan de comentario: el Espíritu Santo es una persona divina... El es Dios (Génesis 1:2).

La traducción del Nuevo Mundo de la Biblia

En cualquier trato que uno pueda tener con la Torre del Vigía o sus numerosos representantes, es prácticamente seguro que tarde o temprano, durante el curso de los acontecimientos, la "traducción" de la Biblia de la Sociedad de la Torre confrontará al presunto candidato a la conversión. Esta traducción de toda la Biblia se conoce como *Traducción del Nuevo Mundo de las Santas Escrituras* (Brooklyn: Watchtower Bible and Tract Society, revisión TNM, 1985).

El Nuevo Testamento en esta "traducción" se publicó parcialmente por vez primera en 1950, y luego fue revisado en 1951 y 1961. Antes de su revisión inicial ya se habían vendido 480.000 ejemplares y ahora su venta se sitúa entre los cinco y los diez millones. Esta versión presenta una delgada capa de erudición que proclama el atrevimiento de la Sociedad al aventurarse en un campo para el que —como sabe cualquier persona bien informada— los Testigos de Jehová no cuentan con casi ninguna preparación.

La TNM existe y ha sido ampliamente distribuida en los Estados Unidos, Canadá y la totalidad de los seis continentes. Los Testigos de Jehová alardean de que su "traducción" es "obra de eruditos competentes" y además de que da a las Escrituras una claridad que otras versiones no han logrado proporcionarle. Tan asombrosas pretensiones por parte de la Torre del Vigía requieren necesariamente un cuidadoso examen de su traducción a fin de sopesarla según las normas de una sana erudición bíblica. No disponemos de espacio suficiente para realizar un análisis exhaustivo de esta obra; pero hemos seleccionado algunos de los ejemplos prominentes de fraude y engaño de la *Traducción del Nuevo Mundo* —ejemplos que deberían disuadir a cualquier individuo imparcial de atribuir demasiado valor a la Biblia de los Testigos de Jehová.

En su prólogo a la *New World Translation of Christian Greek Scriptures* (Traducción del Nuevo Mundo de las Escrituras griegas cristianas) —publicada antes que la Biblia entera en 1950—, el comité traductor de la Torre del Vigía reclama hábilmente para sí y para su versión una particular libertad de lo que ellos definen como "la engañosa influencia de las tradiciones religiosas que tienen sus raíces en el paganismo" (p. 7). Esta "influencia", insiste la Torre del Vigía, ha afectado a la Palabra inspirada de Dios; y por tanto resulta necesario que ellos —los representantes teocráticos escogidos de Jehová— corrijan los supuestos numerosos ejemplos de "tradicionalismo humano" (p. 6) evidentes en todas las traducciones. Si alguien duda de que esta actitud arrogante sea la verdadera de la Torre del Vigía con relación a otras traducciones, la siguiente cita de su prólogo acabará con cualquier incertidumbre:

> Pero la honradez nos compele a señalar que, aunque cada una de ellas tiene sus aspectos meritorios, han caído víctimas del poder del tradicionalismo humano en diversos grados; por consiguiente, las viejas tradiciones religiosas se han dado por sentadas y dejado sin impugnación o investigación. Dichas tradiciones se han entretejido en las traducciones para influir en el pensamiento de las mismas; a fin de respaldar una idea religiosa preferida se han introducido en las enseñanzas de los escritos inspirados inconsecuencias e irracionalidades.
>
> El Hijo de Dios enseñó que las tradiciones de los hombres invalidaban los mandamientos y las enseñanzas de Dios... el empeño del Comité de Traducción de la Biblia del Nuevo Mundo ha sido evitar esta trampa del tradicionalismo religioso (p. 6).

En vista de este pomposo pronunciamiento, no es sino evidente que la Torre del Vigía considera a sus "eruditos" superiores a expertos de la talla de Wycliffe y Tyndale; por no decir a los cientos de cristianos brillantes y consagrados que produjeron otras versiones de la Biblia. Naturalmente ese pretexto es demasiado absurdo para merecer una refutación; pero recordemos que en el Comité de Traducción de la Biblia del Nuevo Mundo no había ningún traductor reputado con títulos reconocidos en exégesis o traducción griega o hebrea. De hecho, Frederick W. Franz, entonces representante de dicho comité y ahora cuarto presidente de la Torre del Vigía, admitió bajo juramento que no podía traducir Génesis 2:4 del hebreo.

De la Prueba del Fiscal resultante del interrogatorio riguroso llevado a cabo el 24 de noviembre de 1954 a Fred W. Franz, vicepresidente de la Sociedad Bíblica y de Tratados Torre del Vigía y enviado como representante de la Sociedad y del Comité de Traducción, p. 7, párrafos A-B, extraemos lo siguiente:

> P: ¿Se ha familiarizado usted también con el hebreo?
> R: (Franz) Sí.
> P: ¿Tanto como para tener un buen dominio lingüístico a su disposición?
> R: Sí, para utilizarlo en mi trabajo bíblico.

P: Tengo entendido que usted es capaz de leer y comprender la Biblia en hebreo, griego, latín, español, portugués, alemán y francés...

R: Sí.

Y más tarde:

P: Usted mismo lee y habla hebreo, ¿verdad?

R: No hablo hebreo.

P: ¿No?

R: No.

P: ¿Puede traducir eso al hebreo?

R: ¿Qué?

P: Ese cuarto versículo del capítulo 2 de Génesis.

R: ¿Quiere usted decir este?

P: Sí.

R: No.

Preguntamos a un profesor de hebreo de la Universidad Biola y del Seminario Teológico Talbot si el versículo cuatro del capítulo dos de Génesis era especialmente difícil de traducir. Después de todo, la pregunta del fiscal no hubiera sido justa si se tratara del versículo más difícil de traducir del Antiguo Testamento. Este nos dijo que jamás aprobaría a un estudiante de primer curso que no pudiera hacerlo. He ahí un ejemplo de la "erudición" que respalda la *Traducción del Nuevo Mundo*.

Sin embargo, la traducción de la Torre del Vigía habla por sí sola, y muestra más claramente de lo que yo pueda escribir el fraude académico y la falta de erudición tan predominante detrás de sus fachadas. A fin de señalar esas notorias inconsecuencias, he relacionado cinco ejemplos destacados de las imprecisiones de los "testigos" al traducir el Nuevo Testamento:

(1) La primera perversión importante que los Testigos de Jehová intentan imponer a la mente del lector promedio es que ha quedado para ellos, como verdaderos testigos de Dios, el restaurar el nombre divino de "Jehová" al texto del Nuevo Testamento; pero observemos esa alegación formulada en sus propias palabras:

> Es evidente, por tanto, que el texto original de las Escrituras griegas cristianas ha sido alterado —como también el de la LXX [la Septuaginta: una traducción griega del Antiguo Testamento]; y por lo menos desde el siglo III d.C. en adelante, el nombre divino en tetragrámaton [las consonantes hebreas YHVH traducidas generalmente por "Jehová] ha sido eliminado del texto por los co-

pistas. . . En su lugar escribían las palabras *kyrios* (vertida normalmente "el Señor") y *theós*, que significa "Dios".

La "evidencia" a la que los "testigos" se refieren es un rollo de papiro de la Septuaginta que contiene la segunda parte del libro de Deuteronomio y que sí muestra el tetragrámaton a lo largo de todo el texto. Además, los "testigos" de Jehová hacen referencia a Aquila (año 128 d.C.) y a Orígenes, en cuyas respectivas Versión y Hexapla ambos utilizaron el tetragrámaton. En el siglo IV, Jerónimo también mencionaba que el tetragrámaton aparecía en ciertos volúmenes griegos incluso de su tiempo. Sobre la base de esa pequeña colección de "evidencia" fragmentaria, los Testigos de Jehová concluyen su argumento de esta manera:

> Esto demuestra que la Septuaginta original contenía el nombre divino siempre que éste aparecía en el texto hebreo, y consideraba un sacrilegio utilizar algún sustituto tal como *kyrios* o *theós*.) Los escribas introdujeron el tetragrámaton en su lugar correspondiente de la versión griega).

La tesis que los "testigos" intentan demostrar es que los copistas de la Septuaginta original y el Nuevo Testamento usaban todos el tetragrámaton, pero que fueron "alterados"; de ahí su responsabilidad de restaurar el nombre divino. Tal es el argumento, un argumento aparentemente plausible para los que no estén familiarizados con la historia de los manuscritos y del sutil uso de los términos por parte de los "testigos".

El demostrar completamente la falsedad de esta última pretensión de erudición de la Torre del Vigía es realmente una tarea sencilla. Se puede probar por literalmente miles de copias del Nuevo Testamento griego que el tetragrámaton no aparece ni una sola vez, ni siquiera en Mateo, posiblemente escrito en hebreo o arameo orginalmente, y por tanto más propenso que todo el resto a conservar huellas del nombre divino. Además de esto, el rollo de papiro (Septuaginta) que contiene la última parte del Deuteronomio y el nombre divino, sólo demuestra que una copia presentaba dicho nombre (YHVH), mientras que todas las demás que había utilizaban *kyrios* y *theós*, términos que los "testigos" consideran "sustitutos". Los testimonios de Aquila, Orígenes y Jerónimo, a su vez, no indican sino que *algunas veces* se empleaba el nombre divino; pero la verdad general, sostenida por todos los eruditos, es que la Septuaginta, con algunas excepciones, usaba siempre *kyrios* y *theós* en lugar del tetragrámaton, y el Nuevo Testamento jamás utiliza este último. Con relación a las diecinueve "fuentes" que la Torre del Vigía emplea para restaurar el tetragrámaton al Nuevo Testamento, debe señalarse que todas ellas son traducciones del griego (que utiliza *kyrios* y *theós*, y no el tetragrámaton) al hebreo y que la más antigua data del año 1385 d.C.; por tanto, no tienen valor como evidencia.

Estos fríos hechos lógicos revelan de una vez por todas la superficial erudición de los Testigos de Jehová; cuya arrogante pretensión de que poseen una base sólida para restaurar el nombre divino (Jehová) a las Escrituras, deduciendo al mismo tiempo que la ortodoxia lo suprimió hace siglos, demuestra ser un hueco fraude académico.

Ningún erudito razonable objeta desde luego el empleo del término Jehová en la Biblia; pero ya que en el vocablo sólo aparecen las consonantes hebreas sin las vocales, su pronunciación resulta cuando menos incierta, y decidirse dogmáticamente por *Jehová* es ejercitar al máximo los límites de la buena lingüística. Por tanto, resulta patético cuando los "testigos" pretenden arrogantemente haber "restaurado" el nombre divino (Jehová). Todos los estudiantes de hebreo saben que entre las consonantes JHVH pueden insertarse las vocales que se quiera, de modo que teóricamente el nombre divino podría ser cualquier combinación desde JoHeVaH hasta JiHiVi, sin afectar en lo más mínimo la gramática del idioma. Ya es suficiente en cuanto a esta otra vana pretensión de los seudo eruditos de la Torre del Vigía.

(2) *Colosenses 1:16:* "Porque por medio de él todas las [demás][19] cosas fueron creadas en los cielos y sobre la tierra, las cosas visibles y las cosas invisibles, no importa que sean tronos o señoríos, o gobiernos, o autoridades" (TNM).

En esta traducción particular, los "testigos" de Jehová intentan una de las perversiones más hábiles de los textos del Nuevo Testamento que jamás haya visto el autor. Sabiendo perfectamente que la palabra *demás* no aparece en este pasaje, o si vamos a ello en ninguno de los otros tres versículos (16, 17, 19) en los que ha sido añadida —aunque entre corchetes—, los "testigos" la insertan deliberadamente en la traducción en un vano esfuerzo por hacer de Cristo una criatura y una de las "cosas" que se dice que El mismo creó.

Con la intención de justificar esta farsa sin precedentes, perpetrada contra el idioma griego y la simple honradez, el Comité de Traducción de la Biblia del Nuevo Mundo encerró la palabra "demás" entre corchetes, que según ellos "contienen términos insertados para completar o aclarar el sentido del texto" *(New World Translation of the Christian Greek Scriptures*; Traducción del Nuevo Mundo de las Escrituras griegas cristianas, op. cit., "Prólogo", p. 6). Sin embargo, lejos de *aclarar* la Palabra de Dios aquí, estas adiciones desautorizadas sirven sólo para apoyar la errónea presuposición de la Torre del Vigía de que nuestro Señor Jesucristo es una criatura en vez del Creador eterno.

Todo el contexto de Colosenses 1:15–22 está lleno de superlativos en su descripción del Señor Jesús como "la imagen del Dios invisible, el primogénito [o el "procreador original" —Erasmo] de toda creación". El apóstol Pablo alaba al Hijo de Dios como *creador* de todas las cosas (versículo 16) y se refiere a El como que "él es antes de todas las cosas, y todas las cosas en él subsisten" (versículo 17). Esto está en perfecta armonía con el cuadro total que pinta la Escritura del Verbo eterno de Dios (Juan 1:1), que fue hecho carne (Juan 1:14) y de quien se escribió: "Todas las cosas por él fueron hechas, y sin él nada de lo que ha sido hecho, fue hecho" (Juan 1:3). El escritor del libro de Hebreos también señalaba que el Hijo de Dios "sustenta todas las cosas con la palabra de su poder" (Hebreos 1:3), y que es Dios en toda su plenitud; tal como Pablo escribió a los colosenses: " . . .que en él habitase toda plenitud" (Colosenses 1:19).

De modo que las Escrituras dan testimonio inequívoco de la actividad creadora del Hijo de Dios, distinguiéndolo de las "demás cosas" creadas como Creador y Sustentador de "todas las cosas".

Los Testigos de Jehová no tienen base concebible para esa infiel traducción de Colosenses 1:16, 17 y 19 que realizan insertando la palabra "demás", ya que no están respaldados por ninguna autoridad gramatical. Tampoco se atreven los "testigos" a discutir sus perversiones con eruditos competentes no sea que éstos exhiban aun más su obvia ignorancia de la exégesis griega.

(3) *Filipenses 1:21–23:* "Porque en mi caso el vivir es Cristo, y

el morir, ganancia. Ahora bien, si ha de ser el seguir viviendo en la carne, esto es fruto de mi trabajo. . . y, con todo, cual cosa seleccionar, no doy a conocer. Estas dos cosas me tienen en premura; pero lo que sí deseo es la liberación y el estar con Cristo, porque esto, de seguro, es mucho mejor" (TNM).

Al igual que otras sectas que enseñan el sueño del alma después de la muerte del cuerpo, los "testigos" de Jehová traducen aquellos pasajes que contradicen este punto de vista de manera que se adapten a sus propios fines. Un ejemplo selecto de esto es su versión de Filipenses 1:21–23. Para cualquiera que posea un conocimiento aun superficial de gramática griega, la traducción "pero lo que sí deseo es la liberación" (versículo 23) demuestra o una lamentable ignorancia de los rudimentos de la lengua, o una tergiversación calculada de terminología, cuyo propósito o cuyos propósitos son dudosos.

No es mera coincidencia que este texto suponga una gran "prueba" para la esperanza de cada cristiano verdadero de que después de la muerte va a estar con el Señor (2 Corintios 5:8). Los "testigos" de Jehová se dan cuenta de que si este pasaje no se cambia o se impugna podría destruir por completo su enseñanza ruselista de que el alma se extingue con la muerte del cuerpo. Por esta razón, y ya que no podían impugnar el texto sin desacreditar el mito de su aceptación de la Biblia como autoridad final, el comité de la Torre del Vigía escogió alterar el pasaje en cuestión, darle una nueva interpretación, y quitar así la amenaza que representaba para su teología.

La traducción "pero lo que sí deseo es la liberación" —y particularmente esta última palabra— supone una grave violencia a los principios de la exégesis griega, ya que los incultos ruselistas han vertido el primer infinitivo aoristo activo del verbo *analyo* *(analysai)* como substantivo ("la liberación"), que en este contexto es un griego inexacto y atroz. Para traducirlo por "la liberación", la forma tendría que haber sido la construcción de participio *(analysas)*, la cual, cuando se emplea con las palabras "anhelo" o "deseo" indica una "gran ansia" o "propósito" y debe traducirse por "partir" o "desatar" (véase Thayer, Liddell y Scott, Strong, Young y A. T. Robertson).

Francamente, puede parecer que me he tomado un trabajo excesivo sólo para refutar el mal uso de una forma griega; pero en realidad los "testigos" utilizan este simple cambio de términos con la intención de enseñar que Pablo quería decir algo totalmente distinto de lo que escribió a los filipenses. Para ver cómo se las arreglan, cito del apéndice de su propia *New World Translation of the Christian Greek Scriptures*; (Traducción del Nuevo Mundo de las Escrituras griegas cristianas), (op. cit. pp. 780, 781):

> El verbo *a-na-ly'sai* se utiliza aquí como nombre, y como tal aparece sólo una vez más en las Escrituras griegas cristianas: en Lucas 12:36, donde se refiere al regreso de Cristo. El nombre relacionado (*a-na'-ly-sis*) se presenta sólo en una ocasión (2 Timoteo 4:6), cuando el apóstol dice: "El debido tiempo de mi liberación es inminente. . . . Pero aquí, en Filipenses 1:23, no hemos traducido el verbo como "regresar" o "partir", sino como "liberar". La razón es que el término puede transmitir dos ideas: la propia liberación del apóstol para estar con Cristo cuando El regrese, o la liberación del Señor mismo de las restricciones celestiales, a fin de volver como prometió.
>
> De ninguna manera está diciendo aquí el apóstol que inmediatamente después de su muerte será transformado en espíritu y estará con Cristo para siempre. . . . Es a este regreso de Cristo y a la liberación del apóstol para estar siempre con el Señor a lo que se refiere Pablo en Filipenses 1:23. Allí dice que hay dos cosas inmediatamente posibles para él; a saber (1) seguir viviendo en la carne y (2) morir. A causa de las circunstancias a considerar, expresa hallarse bajo presión de ambas cosas y no saber cuál de ellas escoger como más apropiada. Luego, Pablo sugiere una tercera posibilidad, que es la que verdaderamente desea. No hay duda en cuanto a su preferencia por esta última: la liberación, porque significa estar con Cristo.
>
> La expresión *tou a-na-ly'-say* —o *la liberación*— no se puede aplicar por tanto a la muerte del apóstol como criatura humana y a su partida así de esta vida, sino que debe referirse a los acontecimientos que tendrán lugar cuando Cristo regrese y en su segunda presencia; es decir, en su segunda venida y en la resurrección de todos los muertos en Cristo para estar con El para siempre.

Aquí, después de mucha intriga gramatical, tenemos la clave de por qué los "testigos" se preocuparon tanto en traducir "partida" como "liberación". Cayendo en este error lingüístico, la Torre del Vigía esperaba "demostrar" que Pablo no estaba hablando en absoluto de su inminente muerte y subsiguiente reunión con Cristo (lo cual han sostenido todos los eruditos y traductores bíblicos importantes a lo largo de la historia), sino de una *tercera* cosa: "los acontecimientos que tendrán lugar cuando Cristo regrese y en su segunda presencia". Con un asombroso dogmatismo, los "testigos" pretenden que *la liberación* no se puede aplicar a la muerte del apóstol. . . . "Debe referirse a los acontecimientos que tendrán lugar cuando Cristo regrese".

Las personas instruidas quedan estupefactas cuando se enfrentan a este clásico ejemplo de engaño sin paralelo y que no tiene apoyo en ningún texto griego o autoridad exegética gramatical. Contrariamente a la afirmación de la Torre del Vigía de que "el término puede transmitir dos ideas (la propia liberación del apóstol para estar con Cristo cuando El regrese, o la liberación del Señor mismo de las restricciones celestiales a fin de volver como prometió), el hecho exegético claro es que el regreso de Cristo no es ni siquiera tema de discusión aquí; sino que más bien de lo que se habla es de la muerte del apóstol y de su preocupación por los filipenses. Que Pablo jamás esperó "dormir" en su tumba hasta el momento de la resurrección como sostienen los Testigos de Jehová es evidente por el versículo 21 del capítulo primero, que dice textualmente: "Para mí el vivir es Cristo, y el morir es ganancia". El morir no supondría ninguna ganancia si los hombres durmieran hasta el día de la resurrección; ya que "Dios no es Dios de muertos, sino Dios de vivos" (Marcos 12:27). Queda claro entonces que Pablo no hablaba más que de dos cosas: de su posible muerte y subsiguiente presencia con el Señor (2 Corintios 5:8), y de la posibilidad que tenía de continuar en el cuerpo, siendo "más necesario" esto último por causa de los cristianos filipenses. La elección era, expresada en sus propias palabras, entre estas dos cosas (versículos 23), y los Testigos de Jehová se han tomado tanto trabajo para nada; ya que el texto griego aún consigna fielmente lo que dijo el inspirado apóstol, y no lo que la Torre del Vigía mantiene que dijo a pesar de todos sus deliberados embustes.

Al finalizar nuestros comentarios sobre estos versículos de Filipenses, nos sentimos constreñidos a señalar un último ejemplo de la falta de honradez de la Sociedad de la Torre con relación a la traducción del griego.

Como se recordará, en la página 781 de la *New World Translation of the Christian Greek Scriptures*, el Comité escribía: "La

expresión *tou a-na-ly'-sai* —*o la liberación*— no se puede aplicar por tanto a la muerte del apóstol como criatura humana y su partida así de esta vida".

Si el lector interesado quiere mirar la página 626 de esa misma traducción de la Watchtower, observará que en 2 Timoteo 4:6 los "testigos" una vez más utilizan el término "liberación" (*analyseos*) allí donde todos los traductores están de acuerdo en que se refiere a la *muerte* inminente de Pablo. La Reina-Valera de 1960 lo expresa de este modo: "Porque yo ya estoy para ser sacrificado, y el tiempo de mi partida está cercano". (*Véase Nuevo Testamento Nueva Versión Internacional*— y las versiones católicas *Nácar-Colunga* y *Biblia de Jerusalén*.)

Los "testigos" de Jehová, por su parte, traducen este versículo como sigue: "Porque ya estoy siendo derramado como libación, y el debido tiempo de mi *liberación* es inminente" (2 Timoteo 4:6, TNM).

Ahora bien, ya que los "testigos" admiten bajo la presión de todos los demás traductores de este texto que el mismo se refiere a la muerte de Pablo, y puesto que la forma substantivada de la palabra griega (*analyseos*) se utiliza aquí y es traducida por "liberación", ¿cómo pretenden en la página 781 que esta expresión ("*la liberación*" [*analysai, Filipenses 1:23*]) "no puede por tanto aplicarse a la muerte del apóstol como criatura humana y a su partida así de esta vida"? La pregunta se hace todavía más embarazosa cuando uno se da cuenta de que los mismos "testigos" de Jehová admiten que estas dos formas (*analysai* y *analyseos*) están "relacionadas" (p. 781). Por lo tanto, no tienen excusa al mantener en un lugar (Filipenses 1:23) que "la liberación" no puede referirse a la muerte del apóstol, y en otro (2 Timoteo 4:6) utilizar una forma de la misma palabra y conceder que se refiere a ella. Esta ilustración por sí sola debe servir como aviso para la gente sincera del engaño flagrante que se emplea en las "traducciones" de la Torre del Vigía, las cuales no merecen que se les aplique este término en innumerables ocasiones.

(5) *Mateo 24:3:* "Estando él sentado en el monte de los Olivos, se acercaron a él los discípulos privadamente, y dijeron: "Dinos: ¿Cuándo serán estas cosas, y qué será la señal de tu presencia y de la conclusión del sistema de cosas?" (TNM)

Desde los días del "pastor" Russell y del juez Rutherford, uno de los dogmas favoritos de la Torre del Vigía ha sido el de la *parousía*: la segunda venida o "presencia" del Señor Jesucristo. Los Testigos de Jehová, como fieles ruselistas, se han aferrado tenazmente a la teología del "pastor" a este respecto y mantienen que en el año 1914, cuando "los tiempos de los gentiles" terminaron (según Russell), comenzó la "segunda presencia" de Cristo (véase *Make Sure of All Things* [Esté seguro de todas las cosas] Watchtower Bible and Tract Society: p. 319).

De 1914 en adelante, los "testigos" mantienen que:

> Cristo ha vuelto su atención hacia los asuntos terrenos, y está dividiendo a los pueblos y educando a los verdaderos cristianos para que sobrevivan durante la gran batalla del Armagedón, cuando toda la humanidad infiel será destruida de la faz de la tierra *(op. cit., p. 319)*.

Para los Testigos de Jehová, por lo tanto, Cristo no viene, ¡está aquí! (desde 1914) —sólo que invisible—, y dirige sus actividades por medio de la organización teocrática de Brooklyn, Nueva York. En vista de esta pretensión, sería quizás conveniente escuchar la voz de Mateo, quien escribió:

> Entonces, si alguno os dijere: Mirad, aquí está el Cristo, o mirad, allí está, no lo creáis. Porque se levantarán falsos Cristos, y falsos profetas, y harán grandes señales y prodigios, de tal manera que engañarán, si fuere posible, aun a los escogidos. Ya os lo he dicho antes. Así que, si os dijeren: Mirad, está en el desierto, no salgáis; o mirad, está en los aposentos, no lo creáis. Porque como el relámpago que sale del oriente y se muestra hasta el occidente, así será también la venida del Hijo del Hombre (Mateo 24:23–27).

En su *New World Translation of the Christian Greek Scriptures*, p. 780, los Testigos de Jehová presentan una lista de veinticuatro ocasiones en las que aparece la palabra griega *parousía*, la cual traducen cada vez por "presencia". En la página 779 defienden así su forma de traducir:

> La tendencia de muchos traductores es verter aquí "venida" o "llegada"; pero las veinticuatro veces que se da la palabra griega *parousía*... nosotros la hemos traducido consecuentemente por "presencia". Basándonos en la comparación de la *parousía* del Hijo del Hombre con los días de Noé en Mateo 24:37–39, resulta muy evidente que el significado del término es el que le hemos dado; y por el contraste que se hace entre la presencia y la ausencia del

apóstol en 2 Corintios 10:10, 11 y en Filipenses 2:12, el significado de *parousía* está tan claro que no es discutido por otros traductores.

Después de esta gigantesca afirmación —a saber, que su traducción de la palabra *parousía* no es discutida "por otros traductores"—, las autoridades teocráticas proceden a enumerar los versículos en cuestión.

Ahora bien, el problema principal no es la traducción de *parousía*; por "presencia", lo cual ciertamente resulta permisible en algunos contextos (véase 1 Corintios 16:16; 2 Corintios 7:6, 7; 10:10 y Filipenses 1:26; 2:12). Hay otras ocasiones, sin embargo, en las que este término no puede usarse como lo hacen los Testigos de Jehová, porque no sólo se viola el significado que la palabra tiene en el contexto sino también el sentido completo de los pasajes como siempre los ha interpretado la Iglesia cristiana.

Los Testigos de Jehová reclaman erudición por esta forma universal de traducir *parousía*. Sin embargo, ningún gran experto en la historia de la exégesis o la traducción griegas ha mantenido jamás este punto de vista. Desde que en 1871 el "pastor" Russell inventara este concepto, todo erudito competente lo ha denunciado después de examinarlo.

La razón de que esta traducción ruselista sea tan peligrosa es que intenta demostrar que *parousía* en lo que respecta al segundo advenimiento de Cristo significa realmente que su regreso o "presencia" había de ser invisible y desconocida para todos menos para "los fieles" (los ruselistas, naturalmente). (Véase *Make Sure of All Things,* op. cit., pp. 319, 320–323).

Los traductores del *Nuevo Mundo,* por tanto, basándose en aquellos textos en que resulta aceptable verter *parousía* como "presencia", concluyen que debe ser así en todos los pasajes. Aunque al parecer es admisible gramaticalmente, nadie sino los Testigos de Jehová o sus simpatizantes aceptan el uso universal que hace la *Traducción del Nuevo Mundo* de "presencia". Se trate de traductores cristianos o no, sencillamente no es buena gramática, y no soportará la prueba de una exégesis comparativa como veremos a continuación.

Otro error que presenta también el argumento de la Torre del Vigía, es el de concluir que "presencia" implica necesariamente invisibilidad; ya que en numerosas ocasiones donde traducen *parousía* por "presencia", la persona de quien se habla difícilmente se podría considerar invisible (véase 1 Corintios 16:17; 2 Corintios 7:6 y 10:10; y también Filipenses 1:26 y 2:12).

En caso de que la Torre del Vigía admitiera por un momento que *parousía* podía traducirse por "venida" o "llegada" en los pasajes que hablan del regreso de Cristo, como vierten todos los traductores eruditos, la "invisible presencia de Cristo" que sostiene el "pastor" Russell les explotaría en la cara; de ahí su determinación a negar lo que todos los expertos reconocidos en griego han establecido.

El fallecido doctor Joseph F. Thayer, erudito unitario y autor de uno de los mejores léxicos de griego del Nuevo Testamento (que dicho sea de paso negaba la segunda venida visible de Cristo), decía en la página 490 de esa obra respecto a la *parousía*: "En un regreso (Filipenses 1:26). . . . En el Nuevo Testamento especialmente del Advenimiento; es decir: de la vuelta futura visible de Jesús, el Mesías, del cielo para resucitar a los muertos, celebrar el juicio final, y establecer formal y gloriosamente el reino de Dios" (para más referencias, véase Liddell y Scott, Strong y cualquier otra autoridad en la materia).

Hay que mencionar que el doctor Thayer era lo suficientemente honrado para decir lo que enseñaba el Nuevo Testamento griego aunque él no lo creyera. A uno le gustaría que los Testigos de Jehová fueran por lo menos igual de honrados; pero no lo son.

Para terminar este estudio del mal uso de *parousía*, discutiremos los versículos que emplean los "testigos" para demostrar que el regreso de Cristo habría de ser una "presencia" invisible en lugar de un acontecimiento glorioso, visible y verificable.

Las siguientes referencias y sus encabezamientos han sido sacados del libro *Make Sure of All Things*, publicado por la Torre del Vigía como guía oficial de su doctrina:

(1) "En la ascensión de Jesús como espíritu, los ángeles testificaron que Cristo regresaría del mismo modo: sigilosamente e inadvertido para el público" (p. 320).

> Y después que hubo dicho estas cosas, estando ellos mirando, fue elevado, y una nube se lo llevó de la vista de ellos. . . . "Varones de Galilea, ¿por qué están de pie mirando al cielo? Este Jesús que

fue recibido de entre ustedes arriba al cielo vendrá así de la misma manera como han contemplado irse al cielo" (Hechos 1:9, 11, TNM).

Resulta bastante innecesario refutar en detalle esta franca perversión de una enseñanza bíblica clara, ya que Juan 20:27 indica sin lugar a dudas que Cristo no era un espíritu y que no ascendió como tal. El mismo texto que ellos citan demuestra que los discípulos estaban "mirando" y lo vieron ser "elevado y [cómo] una nube se lo llevó de la vista de ellos" (versículo 9). Difícilmente habrían podido estar mirando a un espíritu, el cual es incorpóreo por definición*, al menos con ojos humanos; y Cristo les había dicho en una ocasión anterior: "Mirad mis manos y mis pies, que yo mismo soy; palpad, y ved; porque un espíritu no tiene carne ni huesos, como veis que yo tengo" (Lucas 24:39).

Así que queda para Cristo mismo el denunciar el error ruselista de que El "ascendió como un espíritu". Además, ya que dejó la tierra de un modo visible desde el monte de los Olivos, es seguro que así mismo regresará, como enseñan las Escrituras (véase Mateo 26:63, 64; Daniel 7:13, 14; Apocalipsis 1:7, 8; Mateo 24:7, 8, 30).

(2) "El regreso de Cristo invisible: como El testificó que los hombres no lo verían nuevamente en forma humana" (p. 321).

Un poco más y el mundo ya no me contemplará (Juan 14:19, TNM).

Porque les digo: No me verán de ningún modo de aquí en adelante hasta que digan: "¡Bendito es el que viene en el nombre de Jehová!" (Mateo 23:39, TNM).

Estos dos pasajes en sus respectivos contextos no prestan ningún apoyo a la doctrina ruselista de una "presencia" invisible de Cristo por dos razones excelentes:

(a) Juan 14:19 se refiere a la muerte y la resurrección previstas de Cristo. Ese "poco más" al que Jesús hizo referencia sólo podía aludir a su resurrección y subsiguiente ascensión (Hechos 1:9, 11); período durante el cual se apareció sólo a los creyentes, y no al mundo (o incrédulos), siendo este, por lo tanto, el claro significado de sus palabras. Jesús nunca dijo que *nadie* lo vería "nuevamente

---

*Incluso los ángeles tenían que adoptar una forma humana para ser vistos (Génesis 19:1, 2).

en forma humana", como a la Torre del Vigía le gusta hacer parecer. Por el contrario, en el mismo capítulo, El prometió: "*Vendré otra vez*, y os tomaré a mí mismo, para que donde yo estoy, vosotros también estéis" (versículo 3). La Biblia también nos dice bastante claro que un día, sólo por su gracia "seremos semejantes a él, porque le *veremos* tal como él es" (1 Juan 3:2). De modo que una vez más la Torre del Vigía se ve obligada a callar por la voz del Espíritu Santo.

(b) Este segundo texto —Mateo 23:39— no prueba realmente nada en cuanto a los vacilantes argumentos de la Torre del Vigía, sino que Jerusalén no volverá a ver a Cristo hasta que lo bendiga en arrepentimiento como el ungido de Dios. En realidad el pasaje perjudica a la posición ruselista, ya que enseña que Cristo será *visible* en su venida; de otro modo no podrían verlo para bendecirlo en el nombre del Señor. Cristo también limitó está afirmación con la palabra "hasta": una clara referencia a su segundo advenimiento visible (Mateo 24:30).

(3) "Los cristianos primitivos esperaban que el regreso de Cristo fuera invisible. Pablo argumentó que había insuficiente evidencia en su época" (p. 321).

> Sin embargo, hermanos, tocante a la presencia de nuestro Señor Jesucristo y el ser nosotros reunidos a él, les solicitamos que no se dejen sacudir prontamente de su razón, ni se dejen excitar tampoco por medio de una expresión inspirada, ni mediante un mensaje verbal, ni mediante una carta como si fuera de nosotros, en el sentido de que el día de Jehová está aquí. Que nadie los seduzca de manera alguna, porque no vendrá a menos que primero venga la apostasía y el hombre del desafuero quede revelado, el hijo de la destrucción (2 Tesalonicenses 2:1–3, TNM).

Este ejemplo final de 2 Tesalonicenses presenta de la manera más vívida a los "testigos" en lo mejor de su astucia, mientras tratan desesperadamente de hacer que Pablo enseñe lo que el apóstol niega de la manera más enfática en todos sus escritos; a saber, que Cristo vendría en forma invisible para sus santos.

En su Epístola a Tito, Pablo subrayaba la importancia de aguardar "la esperanza bienaventurada y la manifestación gloriosa de nuestro gran Dios y Salvador Jesucristo" (2:13); algo que él no hubiera estado aguardando de haberse tratado de una *parousía* o "presencia" secreta e invisible.

Pablo, contrariamente a los Testigos de Jehová, nunca creyó en un regreso invisible; ni tampoco ningún miembro genuino de la Iglesia cristiana hasta llegar las fantasías de Charles Taze Russell y su pesadilla de *parousía* —como revela claramente un examen cuidadoso de la primera Epístola del apóstol a los tesalonicenses. El inspirado Pablo dice así:

> Por lo cual os decimos esto en palabra del Señor: que nosotros que vivimos, que habremos quedado hasta la *venida* del Señor, no precederemos a los que durmieron.
>
> Porque el Señor mismo con voz de mando [audible], con voz de arcángel, y con trompeta de Dios, *descenderá* del cielo [visible]; y los muertos en Cristo resucitarán primero (4:15, 16).

Aquí podemos ver que, en completo acuerdo con Mateo 26 y Apocalipsis 1, se describe a Cristo *que viene* en forma visible, y en este contexto ningún reconocido experto en griego de hoy permitirá el uso de "presencia"; tiene que ser "venida" (véase también 2 Tesalonicenses 2:8).

Para más información referente a este tema, consulte el lector cualquier concordancia o léxico griego disponible y estudie el uso que hace Pablo de la palabra *"venida"*. Esto convencerá a cualquier persona imparcial de que Pablo nunca sostuvo el punto de vista fantástico de la Torre del Vigía en cuanto al regreso de Cristo.

Una vez comprendidas claramente estas cosas, el lector debe prestar cuidadosa atención a los versículos del Nuevo Testamento que no emplean la palabra *parousía*, sino formas del verbo *élthon* o relacionadas con el término *érkhomai* (véase Thayer, pp. 250 ss.) y que se refieren a la venida del Señor como a una manifestación visible. Estos textos diversos no se pueden torcer para que se ajusten al patrón ruselista de "presencia", ya que *érkhomai* significa "venir", "aparecer", "llegar", en el sentido más preciso de la palabra. (Como consulta compruebe Mateo 24:30 junto con Mateo 26:64 —érkhomenon—; y también Juan 14:3 —*érkhomai*— y Apocalipsis 1:7, *érkhetai.*)

Cuando el estudiante meticuloso se haya percatado de que la única cosa que interesa a los Testigos de Jehová es lo que pueden hacer decir a las Escrituras, y no lo que el Espíritu Santo ya ha revelado de un modo perfecto, los rechazará por completo y rechazará su traducción de la Biblia. Se trata de "ciegos guías de ciegos" (Mateo 15:14), "que convierten en libertinaje la gracia de nuestro Dios, y niegan a Dios el único soberano, y a nuestro Señor Jesucristo" (Judas 4); además, la evidencia anterior ha revelado claramente que "tuercen... las.... Escrituras, para su propia perdición" (2 Pedro 3:16), como todos pueden juzgar.

La deidad de Jesucristo

A lo largo de toda la Escritura inspirada se enseña claramente quién es Cristo Jesús. El se revela como Jehová Dios en forma humana (Isaías 9:6; Miqueas 5:2; Isaías 7:14; Juan 1:1; 8:58; 17:5; cf. Exodo 3:14 y Hebreos 1:3; Filipenses 2:11, Colosenses 2:9, y Apocalipsis 1:8, 17, 18). La deidad de Jesucristo es una de las piedras angulares del cristianismo, y como tal ha sido atacada más vigorosamente a través de los siglos que ninguna otra doctrina de la fe cristiana. Adhiriéndose a la antigua herejía arriana, la cual el gran padre de la iglesia Atanasio refutó en su famoso ensayo "Sobre la encarnación del Verbo", muchos individuos y todas las sectas niegan resueltamente la igualdad de Jesucristo con Dios Padre, y por lo tanto la Trinidad. Como hemos observado, los Testigos de Jehová no son una excepción a esta infame regla. Sin embargo, el testimonio de las Escrituras permanece inmutable y las referencias antes mencionadas reducen al silencio por sí solas y para siempre esta blasfema herejía que en el poder del mismo Satanás engaña a muchos con su manejo falaz de la Palabra de Dios.

La deidad de Cristo supone, por tanto, una de las mejores respuestas a los Testigos de Jehová, ya que si la Trinidad es una realidad —que lo es—, si Jesús y Jehová son una misma persona, todo el sistema de la secta se viene abajo en un montón de doctrinas huecas e inconsecuentes entre sí. A continuación consideraremos los versículos en cuestión y su relación con el asunto.

    1. (a) *Isaías 7:14*: "Por tanto, el Señor [Jehová] mismo os dará señal: He aquí que la virgen concebirá, y dará a luz un hijo, y llamará su nombre Emanuel" (lit. Dios, o Jehová, con nosotros; ya que Jehová es el *único* Dios).

    (b) *Isaías 9:6* "Porque un niño nos es nacido, hijo nos es dado, y el principado sobre su hombro; y se llamará su nombre Ad-

mirable, Consejero, Dios fuerte, Padre eterno, Príncipe de paz."
(c) *Miqueas 5:2*: "Pero tú, Belén Efrata, pequeña para estar
entre las familias de Judá, de ti me saldrá el que será Señor
en Israel; y sus salidas son desde el principio, desde los días de
la eternidad."

En el terreno de las Escrituras del Antiguo Testamento, Jehová, el Señor de los ejércitos, reveló su plan de aparecer en forma
humana, y ha cumplido las diversas profecías referentes a este
milagro en la persona de Jesucristo. El examen de los textos ci-
tados anteriormente convencerá al estudiante imparcial de la Biblia de que Jehová fue fiel a sus promesas y se hizo hombre; literalmente "Dios con nosotros" (Mateo 1:23; Lucas 1:32, 33; Juan
1:14).

La clave para entender Isaías 7:14 es el nombre divino "Emanuel", que solamente se puede traducir por "Dios con nosotros"; y
puesto que no hay más Dios que Jehová, según El mismo ha declarado (Isaías 43:10, 11), Jesucristo y Jehová Dios son de la
misma sustancia en poder y eternidad, y por tanto iguales. Esta
profecía se cumplió en Mateo 1:22, 23; así que no puede haber
ninguna duda de que Jesucristo es el "hijo de la virgen" que con
tanta precisión se describe en Isaías 7:14. Los Testigos de Jehová
no pueden presentar ningún argumento para refutar esta terminante declaración de la Escritura; a saber, que Jehová y Cristo
son una misma persona, ya que el propio término "Emanuel" (Dios
o Jehová con nosotros) desmiente cualquier otra interpretación.

En el Antiguo Testamento hebreo, Isaías 9:6 es uno de los
versículos más poderosos para demostrar la deidad de Cristo; y
declara incontestablemente que Jehová mismo planeó aparecer
en forma humana. Este texto afirma con claridad que el gobierno
descansará sobre el "niño nacido", el "hijo dado", cuya identidad
queda revelada por los mismos términos que se utilizan para describir sus atributos. Bajo la inspiración del Espíritu Santo, Isaías
describe a Cristo como "Admirable, Consejero, Dios fuerte, Padre
eterno, Príncipe de paz"; atributos que sólo pertenecen a Dios. La
expresión "Dios fuerte" indica por sí misma a Jehová, ya que no
sólo El es el único Dios (Isaías 43:10, 11) sino que además el término "fuerte" o "poderoso" se aplica sólo a El con relación a su
deidad. Los Testigos de Jehová esquivan este versículo afirmando

que Cristo es un dios poderoso, pero no el Todopoderoso Dios (Jehová). Este argumento resulta ridículo a primera vista; sin embargo, los "testigos" argumentan que puesto que no hay artículo en el texto hebreo, "fuerte" no significa por tanto Jehová. Entonces surge la pregunta: ¿Acaso hay dos "dioses poderosos"? Sabemos que esto sería absurdo; pero los Testigos de Jehová persisten en la falacia a pesar de Isaías 10:21; donde el profeta declara que "Jacob volverá al Dios fuerte" (sin el artículo) —y por las palabras del propio Jehová a Moisés conocemos que El es "el Dios de Jacob" (Exodo 3:6). En Jeremías 32:18, el profeta afirma que El (Jehová) —esta vez con el artículo— es el "Dios grande, poderoso" (dos formas de decir la misma cosa) [cf. Isaías 9:6; 10:21; Jeremías 32:18]. Si hemos de aceptar el punto de vista de los Testigos de Jehová, tiene que haber dos "Dioses poderosos"; lo cual sería imposible, ya que sólo hay un Dios verdadero y fuerte (Isaías 45:22).

El profeta Miqueas, escribiendo las palabras de Dios (Miqueas 5:2), no sólo indica el lugar donde nacería Cristo (que los judíos afirmaban era Belén, la ciudad de David), sino que nos da una pista en cuanto a la identidad de éste, a saber, Dios en forma humana. La expresión "sus salidas" puede traducirse como su *origen* (referencia: Brown, Driver y Briggs, *Hebrew Lexicon of the Old Testament* —Léxico hebreo del Antiguo Testamento—, 426 [a] Artículo [2], y sabemos que al único que le cuadra esa descripción —cuyo origen es "desde los días de la eternidad"— es a Dios mismo, ya que sólo El existe eternamente (Isaías 44:6, 8). El testimonio abrumador de estos versículos determina por sí solo, más allá de toda duda razonable, la deidad del Señor Jesucristo: quien se hizo hombre —identificándose con nosotros en su encarnación—, y se ofreció a sí mismo "una vez para siempre" en rescate por muchos; el sacrificio eterno capaz de salvar perpetuamente a los que se apropian de su poder limpiador.

2. *Juan 1:1:* "En el principio [o en el "origen"], en griego *[arkhé]* era el Verbo *[Logos]*, y el Verbo era con Dios *[Ton Theón]*, y el Verbo era Dios *[Theós]*."

Contrariamente a las traducciones del *Diaglotón enfático y Traducción del Nuevo Mundo de las Santas Escrituras*, la construcción gramatical griega no deja lugar a dudas de que esta es la única traducción posible del versículo. El sujeto de la oración es *Verbo (Logos)*, y el verbo *era*. No puede haber complemento directo a continuación de *era* ya que según el uso gramatical los verbos instransitivos no llevan complementos sino predicados nominales que refieren nuevamente al sujeto; en este caso *Verbo (Logos)*. De hecho, el fallecido experto en el Nuevo Testamento griego, Colwell, formuló una regla que expresa claramente que un predicado nominal definido (en este caso *Theós*, Dios) nunca lleva artículo cuando precede al verbo (*era*), como encontramos en Juan 1:1. Resulta fácil, por lo tanto, ver que *Theós* (Dios) no necesita artículo, y que traducirlo por "un dios" es tanto una incorrección gramatical como un uso deficiente del idioma griego; ya que *Theós* es el predicado nominal de *era* en la tercera cláusula del versículo, y debe referirse otra vez al sujeto (*Verbo, Logos*). Así que, si Cristo es el Verbo "hecho carne" (Juan 1:14), tiene que ser Dios; a menos que se niegue el texto griego y, por consiguiente, la Biblia.

En su *Traducción del Nuevo Mundo de las Escrituras griegas cristianas* (apéndice), los Testigos de Jehová intentan desacreditar el texto griego sobre este particular; ya que se dan cuenta de que si Jesús y Jehová son "uno" en naturaleza, su teología no podría mantenerse, puesto que ellos niegan dicha unidad en naturaleza. La refutación de sus argumentos sobre este punto resulta decisiva.

La pretensión de los "testigos" es que ya que el artículo determinado se utiliza con *Theón* en Juan 1:1c y no con *Theós* en Juan 1:1d, esa omisión tiene el propósito de indicar que existe una diferencia, es decir, que en el primer caso se habla del único Dios verdadero (Jehová), mientras que en el segundo se tiene en mente a "un dios" diferente e inferior al primero: Jesucristo.

En el apéndice se afirma que la traducción de "un dios" es correcta porque "toda la doctrina de las Sagradas Escrituras confirma lo apropiado de esta versión". Este comentario hace resaltar el hecho de que el problema va mucho más allá del presente texto. La Escritura enseña en realidad la plena e igual deidad de Jesucristo; ¿por qué pues se da tanta importancia a este único versículo? Probablemente debido al efecto de sorpresa que resulta de una manifestación tal de seudo erudición en el uso de un texto conocido. La omisión del artículo en el caso de *Theós* no es señal de que se esté haciendo referencia a "un dios" aparte del verdadero. Examínense los siguientes pasajes donde *Theós* no lleva artículo y compruébese si tiene sentido traducirlo por "un dios": Mateo 5:9; 6:24; Lucas 1:35, 78; 2:40; Juan 1:6, 12, 13, 18; 3:2, 21; 9:16, 33; Romanos 1:7, 17, 18; 1 Corintios 1:30; 15:10; Filipenses 2:11, 13; Tito 1:1 y muchísimos más. El argumento sobre "un dios" resulta ser demasiado flojo e inconsecuente. Para mostrarse lógicos en su traducción de "un dios", los Testigos de Jehová tendrían que verter todos los casos en los que el artículo está ausente como: "un dios" (nominativo), "de un dios" (genitivo), "a o para un dios" (dativo). Sin embargo, esto no lo hacen en Mateo 5:9; 6:24; Lucas 1:35, 78; Juan 1:6, 12, 13, 18; Romanos 1:7, 17, (véanse las citas mencionadas en la *Traducción del Nuevo Mundo de las Santas Escrituras* y en el *Diaglotón enfático*).

Uno no puede honradamente traducir *theós* por "un dios" en Juan 1:1 y luego *theou* por "de dios" (Jehová) en Mateo 5:9, Lucas 1:35, 78; Juan 1:6, cuando *theou* es el caso genitivo del *mismo* nombre (segunda declinación), *sin* un artículo, y debe verterse (según el argumento de los Testigos de Jehová) como "de *un* dios", no "de Dios", de la manera que lo hacen el *Diaglotón enfático* y la *Traducción del Nuevo Mundo de las Santas Escrituras*. Podríamos confeccionar una larga lista de casos; pero sugerimos consultar el Nuevo Testamento griego de D. Erwin Nestle o de Westcott & Hort, junto con *The Elements of Greek* (Los elementos del griego), de Francis Kingsley Ball (Nueva York: Macmillan, 1948, pp. 7, 14) acerca de las terminaciones de los nombres. De manera que si los Testigos de Jehová quieren persistir en esa falaz traducción de "un dios", debían ser por lo menos consecuentes —que no lo son— y verter cada caso en que falta el artículo de la misma manera. La verdad de la cuestión es que los "testigos" usan o quitan el énfasis articular siempre y *dondequiera* que les place sin importarles que las leyes gramaticales indiquen lo contrario. En una traducción tan importante como la de la Palabra de Dios debe observarse cada ley; sin embargo, los Testigos de Jehová no han sido consecuentes en hacerlo.

Los autores de esta pretensión han exhibido otro rasgo común a los Testigos de Jehová: el de citar a medias o indebidamente a un experto reconocido para apoyar sus traducciones poco gramaticales. En el apéndice de la *Traducción del Nuevo Mundo de las*

Escrituras griegas cristianas, al citar las palabras del doctor Robertson que expresan: "Entre los escritores antiguos se utilizaba *ho theós* en referencia al dios de la religión absoluta para distinguirlo de los dioses mitológicos", los "testigos" dejan de señalar que en la segunda frase subsiguiente, el doctor Robertson dice: "Sin embargo, en el Nuevo Testamento, aunque aparece *pros ton theón* (Juan 1:1, 2), es mucho más corriente encontrarnos simplemente con *theós*, de un modo especial en las epístolas".

En otras palabras, que a menudo los escritores del Nuevo Testamento no emplean el artículo con *theós* y, sin embargo, el significado está perfectamente claro en el contexto, es decir, que se habla del único Dios verdadero. Examínense las siguientes citas, en las cuales se utiliza el artículo en versículos sucesivos e incluso en la misma frase con *una* aparición de *theós* y no con otra forma, y quedará totalmente claro que ni siquiera una de tan drásticas inferencias puede deducirse del uso del apóstol en Juan 1:1, 2 (Mateo 4:3, 4; 12:28; 28:43; Lucas 20:37, 38; Juan 3:2; 13:3; Hechos 5:29, 30; Romanos 1:7, 8, 17–19; 2:16, 17; 3:5, 22, 23; 4:2, 3).

La doctrina del artículo es importante en griego; éste *no* se utiliza indiscriminadamente. Pero *no* estamos capacitados para tener en *todos* los casos la certeza de lo que se quiere decir. El doctor Robertson es cauteloso al indicar que "sólo en años recientes se ha llevado a cabo un estudio del artículo verdaderamente científico" (p. 755, A.T. Robertson). No se conocen todos los hechos, y como afirman los escritores de la nota del apéndice, no se debe llegar dogmáticamente a una conclusión tan extrema como esa.

Resulta un disparate decir que un simple nombre puede ser traducido por "divino", y que otro sin artículo transmite meramente la idea de cualidad (apéndice de la *Traducción del Nuevo Mundo de las Escrituras griegas cristianas*). Más tarde, los mismos autores de esta nota traducen el nombre *theós* como "un dios", y no como "una cualidad", lo cual supone una contradicción en el contexto.

Por último, la posición de los escritores de esta nota queda clara en el apéndice de la *Traducción del Nuevo Mundo de las Escrituras griegas cristianas*. Según ellos, no es "razonable" que el Verbo (Cristo) fuera el Dios con quien asimismo estaba (Juan 1:1). Así hacen de su propia razón, manifiestamente errada, el criterio para determinar la verdad bíblica. No hay más que reparar en el mal uso obvio que hacen al citar a Dana y Mantey (*Traducción del Nuevo Mundo de las Escrituras griegas cristianas*, apéndice). Mantey quiere decir claramente que "el Verbo era la Deidad" en consonancia con el abrumador testimonio de la Escritura; pero los escritores han introducido en todo momento la interpretación de "un dios" porque les convenía para negar la deidad de Cristo, negando al mismo tiempo la Palabra de Dios. El fallecido doctor Mantey declaró públicamente que lo habían citado fuera de contexto, y él mismo escribió a la Torre del Vigía afirmando: "No hay ninguna aseveración en nuestra gramática que haya jamás pretendido implicar que 'un dios' era una traducción permisible de Juan 1:1"; y "no es ni docto ni razonable traducir Juan 1:1 por 'el Verbo era un dios' " (Michael Van Buskirk, *The Scholastic Dishonesty of the Watchtower* —La falta de honradez escolástica de la Torre del Vigía—, P.O. Box 2067, Costa Mesa, California 92626, EE.UU.: CARIS, 1976, p. 11).

3. *Juan 8:58:* "Jesús les dijo:... Antes que Abraham fuese [naciera], *yo soy.*"

Al comparar este versículo con la versión de Exodo 3:14 e Isaías 43:10-13 de la Septuaginta, descubrimos que la traducción es idéntica. En Exodo 3:14, Jehová expresa hablando con Moisés: "*Yo soy*"; algo que cualquier erudito inteligente reconoce como sinónimo de Dios. Jesús les dijo literalmente: "*Yo soy* Jehová" (*Yo soy*), y está claro que ellos entendieron que aquello era precisamente lo que quería decir; ya que como revela el siguiente versículo intentaron apedrearlo. La ley hebrea especifica cinco casos en los que era legal apedrear a una persona —y tenga el lector en cuenta que los judíos eran legalistas—; esos cinco casos son: (1) el espiritismo (Levítico 20:27); (2) la maldición —blasfemia— (Levítico 24:10-23); (3) los falsos profetas que guían a la idolatría (Deuteronomio 13:5-10); (4) el hijo contumaz (Deuteronomio 21:18-21); y (5) el adulterio y la violación (Deuteronomio 22:21-24 y Levítico 20:10). Ahora bien, cualquier estudiante bíblico sincero debe admitir que la única razón legal que los judíos tenían para apedrear a Cristo (aunque en realidad no tenían ninguna) era la segunda infracción, o sea, la blasfemia. Muchos testigos de Jehová celosos sostienen que los judíos iban a apedrearlo porque los había llamado hijos del diablo (Juan 8:44); pero si esto fuera verdad, ¿por qué no intentaron hacerlo en otras ocasiones (Mateo 1:34; 23:33) cuando los llamó "generación de víboras"? La respuesta es muy sencilla: no podían apedrear a Cristo por eso, ya que estaban atados por la ley, la cual sólo permitía hacerlo en cinco casos, y que los habría condenado a ellos por usar el "insulto" como base para la lapidación. Sin embargo, eso no es todo; ya que en Juan 10:33 los judíos trataron nuevamente de apedrear a Cristo y lo acusaron de hacerse a sí mismo Dios (no *un dios,* asunto que ya hemos tratado extensamente).[20] Seamos lógicos entonces: si los judíos observaron las leyes de la lapidación en otras ocasiones en que tal vez fueron insultados, ¿por qué habrían violado la ley en aquella?, si los Testigos de Jehová tienen razón en cuanto a Juan 8:58. No necesita decirse mucho más; la discusión es ridícula en este contexto: sólo hay *un "Yo soy"* en las Escrituras (Isaías 48:12; 44:6; Apocalipsis 1:8, 17), y Jesús reclamó para sí aquella identidad; por lo que los judíos, interpretando mal la ley, planearon apedrearlo.

Los Testigos de Jehová (*Traducción del Nuevo Mundo de las Escrituras griegas cristianas*) declaran que la expresión griega *Ego Eimi (Yo soy)* en Juan 8:58 "se traduce del modo apropiado en el 'indefinido perfecto' (he sido) y no como 'Yo soy' ". Para desenmascarar esta audaz perversión del texto griego la examinaremos a continuación gramaticalmente con objeto de ver si hay alguna razón válida para traducirla de esa manera.

Resulta difícil saber lo que quiere decir el autor, ya que *no* utiliza una terminología gramatical corriente ni su argumento está documentado con gramáticas aceptadas. El infinitivo aoristo como tal *no* forma una cláusula; lo importante aquí es el adverbio *prin,* de modo que la construcción debería llamarse cláusula *prin.* El término "indefinido perfecto" no es gramaticalmente normal, y su uso aquí ha sido inventado por los autores de la nota; de manera que resulta imposible conocer su significado. El verdadero problema en el versículo es el verbo: *"Ego Eimí".* El doctor Robertson, al que citan como autoridad los traductores de la TNM, afirma que *Eimí* es "absoluto". Este uso se da cuatro veces (en Juan 8:24; 8:58; 13:19; 18:5). En esos lugares el término es el mismo que emplea la Septuaginta en Deuteronomio 32:39; Isaías

43:10; 46:4, para verter la frase hebrea "Yo (soy) El". Dicha frase *sólo* aparece cuando se reitera el señorío de Jehová y, por lo tanto, es una pretensión de igual y plena deidad. La traducción tosca e incorrecta de la TNM sirve únicamente para ilustrar la dificultad que comporta el evadir el sentido de la frase y el contexto.

El significado de la frase en cuanto a una plena deidad queda especialmente claro en Juan 13:19, donde Jesús expresa que les ha dicho las cosas antes de que sucedan para que cuando sucedan crean que *Ego Eimí (Yo soy)*. Jehová es el único que conoce el futuro como un hecho presente, y Jesús está diciéndoles de antemano que cuando aquello pase en el futuro, podrán saber que "*Yo soy*" (Ego Eimí); es decir *¡Que El es Jehová!*

En conclusión, que los hechos se hacen evidentes por sí solos y son innegablemente claros: el griego no admite imposturas tales como "yo he sido". El argumento de la Torre del Vigía sobre este punto es que la frase en cuestión es un "presente histórico" que se usa con relación a Abraham, y por tanto permisible. He aquí un ejemplo clásico del lenguaje ambiguo de la Sociedad de la Torre. El pasaje no es una narración, sino una cita directa del argumento de Jesús. Las gramáticas normales reservan el uso del "presente histórico" sólo a los relatos. El término se traduce aquí de la manera correcta únicamente como "*Yo soy*", y ya que Jehová es el solo "*Yo soy*" (Exodo 3:14; Isaías 44:6), El y Cristo son "uno" en naturaleza, verdaderamente la plenitud de la "Deidad" en carne.

La traducción que hace la Septuaginta de Exodo 3:14 en cuanto al término hebreo *ehyeh* es *ego eimí*, que utiliza como equivalente de "*Yo soy*", Jehová; y Jesús citó frecuentemente la Septuaginta a los judíos, de ahí la conocida familiaridad de ellos con ésta y la ira que sintieron ante la pretensión de Cristo (8:59).

4. *Hebreos 1:3:* "El es el reflejo de [su] gloria y la representación exacta de su mismo ser, y sostiene todas las cosas por la palabra de su poder. . . ." (TNM).

En mi opinión este pasaje de la Escritura aclara más allá de toda duda la deidad de Jesucristo. Sería ilógico e irracional suponer que Cristo, siendo la imagen misma de la *sustancia* de Jehová, no fuera *de* la sustancia de Jehová y, por lo tanto, Dios, o la segunda Persona de la Deidad trina. Nunca se declara que ninguna criatura sea de la misma "sustancia" o "esencia" (en griego *hypostáseos*) que Dios; por tanto, el Verbo eterno, en quien "habita corporalmente toda la plenitud de la Deidad" (Colosenses 2:9), no puede ser una creación o criatura. El escritor del libro de Hebreos se proponía claramente presentar a Jesús como Jehová, o nunca hubiera utilizado un lenguaje tan explícito como "la imagen misma de su sustancia"; e Isaías 7:14 afirma abiertamente que el Mesías habría de ser Emanuel (literalmente "Dios con nosotros"). Los Testigos de Jehová intentan su falacia de los artículos con "un dios" en vez de Dios refiriéndose a Emanuel; pero si como dice Jehová hablando en Isaías 43:10: "Antes de mí no fue formado dios, ni lo será después de mí", resulta imposible sólo por eso —es decir, por la declaración de Dios— que haya algún otro dios (incluido "un Dios"). Su argumento, basado en abstracciones gramaticales, no es capaz de sostenerse; y la deidad del Señor Jesús permanece segura como siempre.

5. *Filipenses 2:11:* "Y toda lengua confiese que Jesucristo es el Señor, para gloria de Dios Padre."

Si comparamos este versículo de la Escritura con Colosenses 2:9 e Isaías 45:23, no podemos menos que ver la plena deidad de nuestro Señor Jesucristo en su verdadera luz.

En Isaías 45:23 Jehová habló y dijo: "Por mí mismo hice juramento, de mi boca salió palabra en justicia, y no será revocada: Que a *mí* se doblará toda rodilla, y jurará toda lengua"; y en Colosenses 2:9, el apóstol Pablo, escribiendo bajo la inspiración del Espíritu Santo, declara: "Porque en él [Cristo] habita corporalmente toda la plenitud de la Deidad". *Deidad* es la traducción literal de la palabra griega *theótetos*; así que en Cristo toda la plenitud (*pleróma*) de la Deidad reside en carne (*somatikós*).

En el Léxico griego-inglés del Nuevo Testamento (*Greek-English Lexicon of the New Testament)* de Thayer, que es considerado "completo" por la Torre del Vigía, se hace un amplio análisis de *theótetos* (Divinidad, Deidad) y especialmente se estudia su interpretación en el contexto de Colosenses 2:9. Los Testigos de Jehová harían bien en recordar que Thayer era unitario (alguien que niega la deidad de Cristo), y por tanto más propenso a aceptar sus interpretaciones que las del cristianismo evangélico. Sin embargo, a pesar de sus opiniones teológicas, se trataba de un experto en griego cuya presentación de los hechos como son, pese a que éstos no comulgaban con sus creencias, es el rasgo ejemplificado por todos los buenos críticos y eruditos honrados. En la página 288 de la edición de 1886, Thayer afirma que *theótetos* [Divinidad, Deidad] es una forma de *theot* [Deidad], o en sus propias palabras; "¡El estado de ser Dios, divinidad" (Colosenses 2:9)! Cristo era la plenitud de "La Deidad" (Jehová) en carne. El *Diaglotón enfático* traduce correctamente *theótetos* por "Deidad"; pero la TNM vierte erróneamente el término como "la calidad divina", despojando a Cristo de su deidad. Los Testigos de Jehová llegan a esta traducción incorrecta sustituyendo la palabra *theiotes*, una forma de *theiot* [sic] (divinidad), y escapando así de la evidencia condenatoria de "La Deidad" (Jehová) *tes theótetos*. Sin embargo, las pruebas documentales revelan que no pueden hacer esto legítimamente, ya que según las propias palabras de Thayer (p. 288): "*Theot* [sic] (Deidad) difiere de *theiot* (divinidad) como la esencia difiere de la cualidad o el atributo". Este hecho revela de nuevo el engaño empleado por los Testigos de Jehová para desviar al desprevenido estudiante de la Biblia hacia las sendas de la blasfemia contra el Señor Jesús. Se trata de una versión impropia; *no puede* traducirse así. La sustitución de una palabra por otra en las traducciones es puro fraude académico, y los "testigos" no pueden aducir ninguna autoridad para esta mala y atrevida versión del texto griego. Según las propias palabras de dicho texto, Jesucristo es la *esencia* y *sustancia* misma de Jehová, y como la esencia (Deidad) se difiere de la *cualidad* (divinidad), así El es Dios, *tes theótetos* (La Deidad): Jehová manifestado en carne.

Que Jesús y Jehová son "uno" en naturaleza es algo que no se puede cuestionar; si tenemos en cuenta estos versículos que tan claramente revelan el plan y propósito de Dios. Pablo sostiene este argumento en su epístola a los Filipenses (citado anteriormente), cuando atribuye al Señor Jesús la identidad de Jehová como se revela en Isaías 45:23. Pablo proclama valientemente: "Para que en el nombre de *Jesús* se doble toda rodilla. . . y toda lengua confiese que Jesucristo es el Señor, para gloria de Dios Padre" (cursivas del autor). Es un hecho bíblico bien sabido que la mayor gloria que puede darse a Dios es reconocerlo y adorarlo en la Persona de su Hijo; y como Jesús mismo expresa: "Nadie viene al Padre, sino por *mí*" (Juan 14:6, cursivas del autor); y "para que todos honren al Hijo como honran al Padre" (Juan 5:23).

Así que queda claro por el contexto que la maravilla de Dios se revela en su mayor grado específicamente en Jesucristo, y que es urgente que todos los hombres comprendan las consecuencias de rechazar los mandatos de la Palabra de Dios y negar abiertamente la deidad de su Hijo, el cual es "el verdadero Dios, y la vida eterna" (1 Juan 5:20).

6. *Revelación 1:8:* "Yo soy el Alfa y la Omega— dice Jehová Dios—, Aquel que es y que era y que viene, el Todopoderoso" (TNM). Compárese Apocalipsis 1:7, 8, 17, 18; 22:13; Mateo 24:30; Isaías 44:6.

En los versículos 7, 8, 17 y 18 de Apocalipsis capítulo 1, se afirma nuevamente una maravillosa y única verdad, o sea, que Jesucristo y Jehová Dios son de la misma *sustancia*; y por tanto, iguales en dignidad, coexistentes y eternos; en otras palabras: *una sola naturaleza* en el sentido más pleno del término. Para probar esta doctrina de la Escritura seguiremos en detalle la presente línea de pensamiento.

Al comparar Mateo 24:30 con Apocalipsis 1:7, resulta ineludiblemente obvio que Jesucristo es el "que viene con las nubes" en ambas citas.

> Entonces aparecerá la señal del Hijo del Hombre en el cielo; y entonces lamentarán todas las tribus de la tierra, y *verán* al Hijo del Hombre viniendo *sobre las nubes del cielo, con poder* y gran gloria (Mateo 24:30).
> *He aquí que viene con las nubes,* y todo ojo le verá, y los que le traspasaron; y todos los linajes de la tierra harán lamentación por él. Sí, amén (Apocalipsis 1:7) (cursivas del autor).

Siguiendo esta sucesión de ideas, descubrimos que Jehová declara en Isaías 44:6 que sólo El es el primero y el último, y el *único* Dios; lo cual elimina para siempre cualquier confusión en cuanto a que se trate de *dos* primeros y últimos. Ya que Jehová es el único Dios, ¿cómo puede ser el *Logos* "un dios" menor que Jehová como los Testigos de Jehová afirman acerca de Juan 1:1? *(Diaglotón enfático* y *Traducción del Nuevo Mundo).* Muchas veces Jehová declara su existencia como el "único" Dios y Salvador (Isaías 41:4; 43:11–13; 44:6; 45:5; 48:12). Esta es ciertamente una prueba irrefutable, ya que Cristo no podría ser nuestro Salvador o Redentor si no fuese Jehová, porque Jehová es el único Salvador (Isaías 43:11). Sin embargo, a pesar del testimonio de la Escritura de que "antes de mí no fue formado dios, ni lo será después de mí" (Isaías 43:10), los "testigos" siguen con la falacia del "un dios" y la enseñan en directa contradicción con la Palabra de Dios. En 1 Corintios 8:4–6, Pablo señala que un ídolo o dios falso no es nada, y que aunque los hombres adoren a muchas cosas como dioses, sólo hay un Dios vivo y verdadero (cf. Hechos 5:3, 4 y Juan 1:1 en cuanto a las otras Personas de la Trinidad).

Apocalipsis 1:17, 18 y 2:8 añaden más peso todavía a la deidad de Cristo, ya que lo revelan como el primero y el último, el que estuvo muerto y vive para siempre. Ahora bien, puesto que Jehová es el único "primero y postrero" (cf. citas de Isaías), o bien El y Cristo son "Uno" o para pretender lo contrario los Testigos de Jehová han de negar la autoridad de la Escritura.

A fin de ser consecuentes debemos contestar los argumentos que proponen los "testigos" con relación al uso de "primero" y "último" (en griego *protos*) en Apocalipsis 1:17 y 2:8.

Al sugerir como traducción *protótokos* (primogénito) en vez de *protos* (primero) en estos pasajes (véanse las notas relacionadas con los mismos en la *Traducción del Nuevo Mundo de las Escrituras griegas y cristianas* y el *Diaglotón enfáticos*), los Testigos de Jehová intentan despojar a Cristo de su deidad y convertirlo en un ser creado con "principio" *(Sea Dios veraz)*. Cuando se los aborda sobre este punto, los "testigos" le refieren a uno inmediatamente a Colosenses 1:15 y Apocalipsis 3:14, y "demuestran" que el Logos tuvo un "comienzo" (véase Juan 1:1, *Diaglotón enfático* y TNM). Para cualquier estudiante bíblico informado, este argumento es falaz: la edición de 1886 del *Greek Lexicon of the New Testament* (Léxico griego del Nuevo Testamento), de J. H. Thayer, afirma que la única traducción correcta de *protos* es "primero", y según las propias palabras de Thayer, *"El Eterno"* [Jehová] (Apocalipsis 1:17). Aquí nuevamente se vindica la deidad de Cristo.

Más pruebas de esta síntesis la tenemos en que los mejores y más autorizados manuscritos (Sinaíticus, Vaticanus), utilizan *protos* ("primero"). En el Manuscrito Alejandrino, ya que éste no posee acentos, debería traducirse por "el Procreador original"[21] (Erasmo) para observar las leyes de la crítica textual (Colosenses

1:15). En pocas palabras: que el problema reside en los acentos. Puesto que en la versión de Apocalipsis 1:17 y 2:8 del Manuscrito Alejandrino no hay signos de puntuación ni tildes, y ya que todos los demás manuscritos utilizan *protos* ("primero"), es una contradicción acentuar *protótokos* para hacer de Cristo un ser creado en lugar del Creador. La acentuación correcta de *protótokos* concuerda con todos los demás manuscritos en cuanto a presentar a Cristo como "el preeminente", como debería. Estas verdades, unidas al hecho de que cualquier traducción y traductor de confianza corrobora la versión de "primero" sobre "primogénito", revela uno más de tantos intentos mañosos de pervertir la Palabra de Dios por medio de traducciones erróneas y manipulación lingüística.

Jesús dijo: "Yo soy el Alfa y la Omega, el principio y el fin, el primero y el último" (Apocalipsis 22:13), y no sólo esto, sino que también es quien revela los misterios a Juan (Apocalipsis 1:1; 22:16) y se declara "el testigo fiel" (Apocalipsis 1:5) que testifica "Vengo en breve" (Apocalipsis 22:20). Resulta evidente entonces que a lo largo de todo el libro de Apocalipsis, Jesús es el que testifica y el que viene (Apocalipsis 1:2, 7), ya que es por su mandato (Apocalipsis 22:16) por lo que Juan consigna todo; de modo que debemos reconocer honradamente su soberanía como "el primero y el último" (Isaías 48:12; Apocalipsis 1:17 y 22:13), el Señor de todo y el Verbo de Dios encarnado (Juan 1:1).

Apocalipsis 3:14 afirma que Cristo es "el principio de la creación de Dios", y Colosenses 1:15 lo llama "el primogénito de toda creación". Estos versículos no indican en forma alguna que Cristo fuera una cosa creada. La palabra griega *arkhé* (Apocalipsis 3:14) puede ser traducida correctamente por "origen" y así se vierte en la propia *Traducción del Nuevo Mundo de las Escrituras griegas cristianas*, edición de 1951, en Juan 1:1. Apocalipsis 3:14 declara entonces que Cristo es el testigo fiel y verdadero, el "origen" o la "fuente" de la creación de Dios. Esto corrobora Hebreos 1:2 y Colosenses 1:16, 17 en cuanto a establecer a Cristo como Creador de todas las cosas y, por lo tanto, como Dios (Génesis 1:1). Cristo es el primogénito de toda creación, ya que constituye la nueva Creación concebida sin pecado (Lucas 1:35), el segundo Adán (1 Corintios 15:45 y 47), quien es el cumplimiento de la promesa divina de un Dios-hombre (Isaías 7:14; 9:6; Miqueas 5:2), y el Redentor del mundo (Colosenses 1:14). Juan 3:13 afirma que nadie subió al cielo sino Cristo, que descendió de allí. Filipenses 2:1, por su parte, declara que El es Señor (en griego *kyrios*), y como tal es "el Señor. . . del cielo" de 1 Corintios 15:47 es decir, Dios, y no un ser creado o "un dios".

El Señor Jesús es también el "primogénito de los muertos" (Apocalipsis 1:5); es decir, el primero que resucitó en un cuerpo glorificado (*no* en forma de espíritu, véase Lucas 24:39, 40); un tipo de cuerpo que los cristianos poseerán algún día según las palabras del apóstol Juan: "Aún no se ha manifestado lo que hemos de ser; pero sabemos que cuando él se manifieste, seremos semejantes a él, porque le veremos tal como él es" (1 Juan 3:2). Nosotros sabemos que esas promesas son seguras —ya que "fiel es el que prometió" (Hebreos 10:23)—, y todos los que niegan la deidad de Cristo harían bien en considerar debidamente su advertencia y amonestación, cuando dijo:

> Yo testifico a todo aquel que oye las palabras de la profecía de este libro: Si alguno añadiere a estas cosas, Dios traerá sobre él las plagas que están escritas en este libro. Y si alguno quitare de las palabras del libro de esta profecía, Dios quitará su parte del libro de la vida, y de la santa ciudad y de las cosas que están escritas en este libro (Apocalipsis 22:18, 19).

7. Juan 17:5: "Ahora pues, Padre, glorifícame tú para contigo, *con aquella gloria que tuve contigo antes que el mundo fuese* (Jesucristo).

Este pasaje de la Escritura, en referencia recíproca con Isaías 42:8 y 48:11, demuestra de modo concluyente la identidad del Señor Jesús, y es un testimonio adecuado de la deidad de Cristo.

En Isaías 42:8, Jehová mismo habla y declara enfáticamente: "Yo Jehová; este es mi nombre; y a otro no daré mi gloria, ni mi alabanza a esculturas". Y de nuevo, en Isaías 48:11, expresa: "Por mí, por amor de mí mismo lo haré, para que no sea amancillado mi nombre, *y mi honra no la daré a otro*" (cursivas del autor).

Es fácil ver por estas citas de Isaías que Jehová ha declarado irrevocablemente que su gloria divina inherente, que pertenece a su propia naturaleza, no puede darse, ni será dada a otra persona más que a El. *No* hay argumento que los "testigos" puedan forjar para combatir la verdad de Dios revelada en estos pasajes de la Escritura. La gloria inherente de Dios le pertenece sólo a El y El ha ordenado con su propia boca que así sea. Sin embargo, Dios confirió al Verbo encarnado una cierta gloria manifestada por la presencia del Espíritu Santo —a través de cuyo poder y actuación Cristo obró mientras estaba en la carne—, y que a su vez Jesús otorgó a sus seguidores (Juan 17:22). Pero *no* se trataba de la gloria de la naturaleza divina, sino de la presencia permanente del Espíritu. No deberían confundirse estos dos tipos de gloria bastante distintos el uno del otro. Jesús oró para *volver* a tener la gloria que había tenido con el Padre "antes que el mundo fuese" (Juan 17:5), que *no* era aquella que le había sido dada como Mesías; la cual gloria Cristo prometió compartir con sus discípulos (versículo 22). En ningún lugar de la Escritura se comparan ambas clases de gloria.

Al orar en Juan 17:5, el Señor Jesucristo reveló de un modo igual de irrevocable que El sería glorificado con *la gloria del Padre* (Jehová), y que dicha gloria no era algo nuevo para El, ya que según afirmó la poseía *con* (en griego *pará*) el Padre ("aquella gloria que *tuve* contigo") antes de que el mundo ni siquiera existiese. Los Testigos de Jehová intentan contestar a esto diciendo que si El era Dios, ¿dónde estaba su gloria mientras anduvo por la tierra?

En contestación a esta pregunta, las Escrituras mencionan por lo menos cuatro ocasiones separadas en las que Cristo manifestó su gloria y reveló su poder y deidad. En el Monte de la Transfiguración (Mateo 17:2) Jesús resplandeció con la gloria inherente de Dios; la cual continuaba sin merma cuando en Juan 18:6 aplicó a sí mismo el "*Yo soy*" de la identidad de Jehová, que irradió suficiente gloria para dejar a sus captores impotentes y a su merced. Juan 7:22 también confirma la manifestación de la gloria de Jehová cuando Jesús, esperando la cruz, ora por sus discípulos y afirma que el origen de su gloria es la sustancia de Dios. La gloria de la resurrección de Cristo sirve asimismo para ilustrar su deidad y la revela como la de Dios mismo.

De manera que puede verse claramente que el argumento de los Testigos de Jehová en cuanto a que Cristo no manifestó su propia gloria es ineficaz y no tiene base bíblica. Lo cierto del asunto es que el Señor Jesús reveló la verdadera gloria de su naturaleza en las mismas obras que hizo; y como dice Juan (Juan

1:14): "Y aquel Verbo fue hecho carne, y habitó entre nosotros (y vimos su gloria, gloria como del unigénito del Padre), lleno de gracia y de verdad".

En el segundo capítulo de Filipenses, San Pablo quita toda duda sobre esta cuestión al escribir, guiado por el Espíritu Santo, que Cristo nunca dejó de ser Jehová aun durante el tiempo de su encarnación terrenal. Resulta interesante señalar que el término griego *hypárkhon*, traducido por "siendo" en Filipenses 2:6, significa literalmente "permanecer o no dejar de ser" (véase también 1 Corintios 11:7); por lo tanto, en este contexto Cristo nunca dejó de ser Dios, y "permaneció" en su sustancia fundamental; El era realmente "Dios. . . manifestado en carne".

Un representante de los Testigos de Jehová entrevistado hace poco, tratando de eludir la obvia declaración de la deidad de Cristo según se revela en este texto, recurría a la vieja costumbre de la Sociedad de cambiar los términos griegos, y aseguraba que en Juan 17:5, la palabra "con" (en griego *pará*), significa realmente "a través"; por lo tanto, la gloria de la que se habla no demuestra la deidad de Cristo, ya que es la gloria de Jehová, la cual meramente resplandece "a través" del Hijo; no es la propia gloria de Jesús, sino una manifestación de la de Jehová.

Otra vez confrontamos el problema de la exégesis ilógica, cuya respuesta debemos hallar en el texto griego mismo. Si creemos que Dios inspiró a los escritores de la Biblia, debemos creer que la gramática de ésta fue también inspirada por él; ¿de qué otra manera hubiera podido transmitir sus pensamientos sin error? ¿Encomendaría Dios sus palabras inspiradas a la falible capacidad gramatical del hombre para registrarla? ¡No! No podría hacerlo sin correr el riesgo de que su mensaje se corrompiera; por lo tanto, como Señor sabio y prudente que es, con toda certeza inspiró la gramática de sus siervos para que las palabras de éstos pudieran transmitir sus pensamientos sin error, inmutables y dignos de toda confianza. Con esta idea en mente, consideremos ahora los términos y la construcción del versículo.

En Juan 17:5, la palabra griega *pará* (con) aparece en el caso dativo y no se traduce por "a través" (en griego *diá*), sino que está correctamente vertida según el léxico de Thayer como "con"; y Thayer cita precisamente el versículo en cuestión como ejemplo de la manera en que *pará* (con) debería traducirse.

Jamás se diga que *pará* en este contexto indica algo menos que igualdad de posesión: "Aquella gloria que tuve *contigo* antes que el mundo fuese". El Señor Jesucristo quería dar a entender claramente que El, como Dios Hijo, era el poseedor de la gloria divina junto con el Padre y el Espíritu Santo antes de que el mundo fuese siquiera formado. Cristo también declaró que tenía la intención de apropiarse aquella gloria en todo su divino poder hasta la resurrección de su templo terrenal, que por necesidad, ya que era finito, velaba por un acto voluntario su eterno poder y deidad (Filipenses 2:5–8). La gloria de la que hablaba no sólo resplandecía a través del Padre, sino que era eternamente inherente al Hijo; y ya que Juan, guiado por el Espíritu Santo, escogió de manera deliberada *pará* (literalmente "con") antes que *diá* ("a través"), el argumento que ofrecen los "testigos" no se sostiene. El Señor Jesús reclamó la misma gloria del Padre como suya propia, y ya que Jehová ha dicho que no dará su gloria inherente a otro (Isaías 42:9), la unidad de sustancia entre El y Cristo es un hecho innegable: los dos son Uno con todas sus maravillosas y misteriosas implicaciones, las cuales, aunque no las podamos comprender plenamente, aceptamos con gusto, permaneciendo así fieles a la Palabra de Dios.

8. *Juan 20:28*: "Entonces Tomás respondió y le dijo: ¡Señor mío, y Dios mío!"

Ningún estudio de la deidad de Cristo estaría completo si no se mencionase el mayor testimonio acerca de ella registrado en las Escrituras: Juan 20:28.

Comenzando en el versículo 24, se describe al discípulo Tomás totalmente escéptico en cuanto a la resurrección de Cristo y su aparición física con la *misma* forma en que lo habían crucificado. En el versículo 25, Tomás declara obstinadamente: "Si no viere en sus manos la señal de los clavos, y metiere mi dedo en el lugar de los clavos, y metiere mi mano en su costado, no creeré"; y siguiendo la sucesión de acontecimientos a través de los versículos 26 y 27, se nos dice que el Señor apareció a Tomás junto con los otros discípulos y le presentó su cuerpo con las heridas del Calvario para que las examinase. No se trataba de ningún espíritu o fantasma, ni de ninguna "forma" adoptada para la ocasión como sostienen los Testigos de Jehová; sino del mismo cuerpo de Cristo con las horribles huellas de aquella tortura atroz y de los dolores agudos de una muerte ignominiosa. Allí, exhibida ante los ojos del incrédulo discípulo, estaba la evidencia que lo obligó, por el puro hecho de su existencia, a adorar a Aquel que manifestaba la esencia de la Deidad. "Tomás respondió y le dijo: ¡Señor mío, y Dios mío!" Aquella era la única respuesta que podía dar honradamente: Cristo había demostrado su identidad; El era realmente "Jehová Dios". Probemos ahora esto más allá de toda duda.

Los Testigos de Jehová han luchado en vano por eludir este texto en el griego (*Diaglotón enfático* y *Traducción del Nuevo Mundo de las Santas Escrituras*), y corroborado sin darse cuenta su autoridad por encima de toda refutación posible, como revelará un breve estudio de sus fuentes.

En el *Diaglotón enfático* (Juan 20:28) *o theós mou*, que literalmente se traduce como "Dios mío" o "mi Dios", da a entender la identidad de Jehová; y ya que posee el *artículo determinado* para emplear el propio argumento de los Testigos de Jehová, debe significar "el único Dios verdadero" (Jehová), y no "un dios". En el apéndice a la *Traducción del Nuevo Mundo de las Escrituras griegas cristianas*, la nota afirma: "Así también Juan 1:1, 2 utiliza *o theós* para distinguir a Jehová Dios del Verbo (Logos) como un dios: el unigénito dios, nombre que le da Juan 1:18". Reflexionemos ahora como individuos serios: Si Tomás llamó Jehová (artículo determinado) al Cristo resucitado (*o kyrios mou kai o theós mou*), y éste no negó tal declaración, sino que la confirmó diciendo (versículo 29): "Porque me has visto, Tomás, creíste; bienaventurados los que no vieron, y creyeron", entonces ningún malabarismo que se haga con el versículo en su contexto puede contrarrestar su pensamiento fundamental, es decir, ¡que Jesucristo es Jehová Dios!

La *Traducción del Nuevo Mundo de las Escrituras griegas cristianas* elude cuidadosamente cualquier explicación del texto griego sobre el punto que acabamos de mencionar; pero con ese mismo cuidado inserta en el margen seis referencias a Cristo como a "un dios", las cuales los Testigos de Jehová intentan inculcarle al desprevenido estudiante de la Biblia. Como de costumbre estas referencias se utilizan de un modo abstracto; y cuatro de ellas

(Isaías 9:6; Juan 1:1; 1:18 y 10:35) ya han sido mencionadas con anterioridad. La pregunta es entonces si hay algún otro dios además de Jehová, como afirman los "testigos" al referirse a Cristo como a "un dios" (Juan 1:1; Isaías 9:6). Las Escrituras no tienen más que una respuesta: ¡un *No* enfático! Jehová es el único Dios (véase Isaías 45:21–23; 44:68; 37:16, 20).

Desde luego, la Escritura menciona a muchos supuestos dioses; pero no son dioses por identidad y existencia independiente, sino por aclamación y adoración humanas. Satanás también entra en esta categoría, ya que es "el dios de este siglo" y ocupa ese puesto sólo porque los hombres impíos y no regenerados le han otorgado el servicio y el culto que pertenecen a Dios.

El apóstol Pablo sella esta verdad con su análisis inequívoco de la idolatría y de los dioses falsos en 1 Corintios 8:4–6, donde declara que un ídolo no es nada en sí mismo y que no hay otro dios en el cielo o en la tierra, a pesar de las invenciones del hombre, sino Jehová.

Por lo tanto, el cuadro está claro: Tomás adoró a Cristo como encarnación resucitada de la Deidad (Jehová); Juan declaró que Jesús era Dios desde toda eternidad (Juan 1:1); y Cristo afirmó lo mismo irrefutablemente: "Si no creéis que yo soy [Jehová], en vuestros pecados moriréis" (Juan 8:24; cf. Exodo 3:14). Por mucha seudo escolástica y muchas tácticas evasivas que se utilicen, jamás se podrán cambiar las declaraciones terminantes de la Palabra de Dios: Jesucristo es Señor de todo; y les guste o no a los Testigos de Jehová, nunca destruirán o cambiarán esa verdad. A pesar de todo lo que se haga a la Palabra de Dios en la tierra, en la gloria ésta permanece eterna; como está escrito: "Para siempre, oh Jehová, permanece tu palabra en los cielos" (Salmo 119:89).

9. *Juan 5:18*: "Decía que Dios era su propio Padre, haciéndose igual a Dios."

Terminamos nuestro capítulo sobre este tema de vital importancia con el presente versículo, el cual no necesita explicación. El término griego "igual" (*ison*) es indebatible; y ni el contexto ni la gramática permiten suponer que Juan esté relatando aquí *lo que los judíos decían acerca de Jesús*, como argumentan de manera poco convincente los Testigos de Jehová. La estructura de la frase revela claramente que *fue Juan quien expresó esto* bajo la inspiración del Espíritu Santo, y *no* los judíos. Si alguien quiere, puede esquematizar la frase y verlo por sí mismo. Ningún erudito o comentarista serio ha puesto nunca en duda tal cosa: para la mente judía, el que Jesús pretendiera ser el Hijo de Dios equivalía a hacerse igual a El; un hecho que sería provechoso para los Testigos de Jehová considerar.

Vemos entonces que nuestro Señor era igual a Dios Padre y al Espíritu Santo en naturaleza divina; aunque inferior por propia elección en su naturaleza humana, como hombre y último Adán (Juan 14:28; 1 Corintios 15:45–47). Este texto por sí solo es de enorme valor y arguye poderosamente en favor de la deidad de nuestro Señor Jesucristo.

La resurrección de Cristo

Como se ha podido observar, los Testigos de Jehová niegan la resurrección corporal del Señor Jesucristo y pretenden en vez de ello que fue resucitado como un "ser divino en espíritu", o como una "criatura invisible en espíritu". A la objeción de que él apareció en forma humana, contestan afirmando que Cristo adoptó meramente formas distintas según las necesitó; las cuales hicieron posible que se lo viera, ya que como el Logos habría sido invisible para el ojo humano. En resumen, que Jesús no apareció en la *"misma"* forma con que murió en la cruz; ya que aquel cuerpo o bien "se deshizo en gases. . . o se conserva en algún lugar como un gran monumento del amor de Dios" (Charles Russell, *Estudios de las Escrituras,* op. cit. Vol. V). Y esto a pesar de la refutación directa de Pablo en 1 Timoteo 2:5, donde llama a "Jesucristo *hombre*" nuestro solo mediador, ¡aproximadamente treinta años después de la Resurrección!

Sin embargo, las Escrituras dan una versión completamente distinta; como se hará evidente cuando se considere su testimonio. Cristo mismo profetizó su propia resurrección corporal; así Juan nos dice: "Mas él hablaba del templo de su cuerpo" (Juan 2:21).

En Juan 20:25, 26, el discípulo Tomás dudó de la resurrección física literal de Cristo para terminar arrepintiéndose amargamente (versículo 28) después de que Jesús presentara su cuerpo (versículo 27), —el mismo que había sido crucificado y que aún conservaba las marcas de los clavos y la herida de la lanza— para que lo examinase. Ninguna persona razonable dirá que el cuerpo que el Señor Jesús exhibió no fue el de su crucifixión; sólo alguien que ignore o que niegue voluntariamente la Palabra de Dios. No se trataba de otro cuerpo "adoptado" para la ocasión por un Cristo "en espíritu"; sino exactamente el mismo cuerpo que colgó del madero, el Señor mismo. Estaba vivo e innegablemente tangible; no era una "criatura divina en espíritu". El Señor previó la incredulidad de los hombres respecto a su resurrección corporal e hizo hincapié en que no era un espíritu, sino carne y hueso (Lucas 24:39–44); incluso llegó a comer comida humana para demostrar que estaba identificado tanto con la humanidad como con la Deidad. Cristo reprendió a los discípulos por la incredulidad de éstos en su resurrección física (Lucas 24:25), y fue dicha resurrección física lo que confirmó su Deidad, ya que sólo Dios podía poner voluntariamente su vida y tomarla de nuevo si quería (Juan 10:18). No debemos olvidar que Cristo profetizó no sólo su resurrección, sino también la naturaleza de la misma, que según dijo sería corporal (Juan 2:19–21). El expresó que levantaría "el templo" en tres días (versículo 19); y Juan nos dice que "hablaba del templo de su *cuerpo*" (versículo 21).

Los Testigos de Jehová utilizan 1 Pedro 3:18, entre otros versículos que no se relacionan, como defensa para su doctrina de una resurrección "en espíritu". Pedro declara que Cristo "muerto en la carne pero vivificado en espíritu". Obviamente, él fue vivificado en el Espíritu y por el Espíritu de Dios, ya que el Espíritu de Dios, la sustancia divina misma, resucitó a Jesús de los muertos, como está escrito: "Y si el Espíritu de aquel que levantó de los muertos a Jesús mora en vosotros. . ." (Romanos 8:11). El significado de este versículo está por tanto muy claro: Dios no resucitó a Jesús como a un espíritu, sino por su Espíritu; lo que concuerda perfectamente con Juan 20:27 y Lucas 24:39–44 en la demostración de la resurrección física del Señor.

La Torre del Vigía cita Marcos 16:12 y Juan 20:14–16 como prueba de que Jesús tuvo "otros cuerpos" después de su resurrección; desafortunadamente, para ellos la referencia de Marcos es una fuente dudosa, y no debe construirse una doctrina alrededor de un versículo cuestionable. La razón por la que María y los discípulos de Emaús (Lucas 24) no lo reconocieron se explica en Lucas 24:16: "Los ojos de ellos estaban velados"; pero era Jesús mismo (versículo 15).

Los Testigos de Jehová tratan también de minar la resurrección corporal de nuestro Señor señalando que Jesús apareció en el aposento alto "estando las puertas cerradas" (Juan 20:26). Sin embargo, Cristo, en su estado glorioso, tenía un "cuerpo espiritual" (1 Corintios 15:50, 53) idéntico en forma al terrenal, aunque inmortal, y por tanto capaz de entrar en la dimensión de la tierra o del cielo sin violar las leyes de ninguna de ellas.

En Romanos 4:24; 6:4, y 1 Corintios 15:15 Pablo afirma que Cristo resucitó de los muertos; y el apóstol predicaba la resurrección física y el regreso del Dios-hombre, y no de un "ser divino en espíritu" sin forma tangible. Pablo también advirtió que si Cristo no ha resucitado nuestra fe es vana; para los que creemos en la Palabra de Dios, en la gloria hay un Hombre que mostró sus heridas como prueba de su realidad, y cuya afirmación recordamos a los Testigos de Jehová: "Porque un espíritu no tiene carne ni huesos, como veis que yo tengo".

La expiación de Cristo

La expiación infinita del Señor Jesucristo es una de las doctrinas más importantes de la Biblia, ya que representa la garantía de vida eterna mediante el perdón completo de pecados para cualquiera que se apropia de su poder limpiador. El Antiguo Testamento enseña claramente que la *sangre* "hará expiación por la persona". Levítico 17:11 y Hebreos 9:22 corroboran esto más allá de toda duda, ya que "sin derramamiento de sangre no se hace remisión". El Señor Jesucristo se convirtió en el único sacrificio de sangre por los pecados que garantiza la vida eterna; como dijo Juan al ver a Jesús: "He aquí el Cordero de Dios, que quita el pecado del mundo" (Juan 1:29). El apóstol Juan, escribiendo en Apocalipsis 13:8, declara que el Cordero (Cristo) inmolado desde el principio del mundo es el propio sacrificio eterno de Dios que limpia de todo pecado y proporciona redención a las almas perdidas que confían en su eficacia. El escritor de la Epístola a los Hebreos hace todo lo posible por mostrar que los sacrificios del

Antiguo Testamento eran tipos destinados a señalar hacia el sacrificio venidero de Cristo en el Calvario (Hebreos 9 y 10). El término hebreo *kaphar* (cubrir) y el griego *katallagé*, que significa literalmente reconciliación, se utilizan con relación al pago de una obligación o intercambio. Por tanto, el cuadro representa a Cristo llevando nuestros pecados sobre su propio cuerpo en el madero (1 Pedro 2:24) y dándonos paz con Dios mediante la *sangre* de su cruz (Colosenses 1:20); sangre que es el pacto eterno capaz de hacernos perfectos, debido a que a través de Dios mismo nos capacita para hacer su voluntad (Hebreos 13:20, 21). Las Escrituras dan amplio testimonio del poder redentor de la sangre del Cordero (Romanos 3:25; 5:9; Colosenses 1:14; Hebreos 9:22; 1 Pedro 1:19; 1 Juan 1:7; Apocalipsis 5:9; 12:11), como la *única* que puede salvarnos y limpiarnos (Hebreos 9:22).

Charles Taze Russell renunció de un puesto que en otro tiempo ocupó como subdirector de un periódico de Rochester, Nueva York, porque discrepó con la idea que el director tenía de la expiación. No sabemos si Russell tuvo razón o no en aquella disputa, pero lo que sí conocemos es su doctrina y la de los Testigos de Jehová respecto a la expiación, y que es completamente antibíblica. Los "testigos" argumentan que la expiación no es plenamente la responsabilidad de Dios, a pesar de 2 Corintios 5:20, sino que más bien es mitad suya y mitad del hombre. Según su argumento, Jesús quitó los efectos del pecado de Adán por su sacrificio en el Calvario; pero la obra no quedará completamente terminada hasta que los sobrevivientes del Armagedón vuelvan a Dios por medio del libre albedrío y se sujeten al gobierno teocrático de Jehová. Para los Testigos de Jehová la plena realización del asunto es la reconciliación con Dios que tiene que ver con el reino milenial. Esta interpretración totalmente ilógica e irracional de la Escritura elimina la validez de la expiación infinita administrada incondicionalmente por Dios y a través de Dios a favor del hombre. Russell y los Testigos de Jehová han quitado mérito a la sangre de Cristo admitiendo sólo en parte su poder limpiador; pero la verdad no ha cambiado: o la sangre es plenamente suficiente o no lo es en absoluto; y en este último caso el hombre está desesperadamente perdido en un laberinto incoherente de doctrinas sin pertinencia que presuponen un sacrificio finito, y por tanto a un Dios finito.

El regreso físico de Cristo

Los Testigos de Jehová declaran que Cristo volvió al templo en 1914 y que ya para 1918 lo había limpiado para ejecutar el juicio sobre los hombres pecadores y las organizaciones de Satanás; así como afirman que El no resucitó físicamente ni volverá de esa manera (*The Truth Shall Make You Free*, op. cit., p. 295).

La primera pretensión de los "testigos" es que Jesús dijo: "El mundo no me verá más" (Juan 14:19); y por tanto ningún ojo mortal ha de verlo. Y la segunda de las pretensiones de la Sociedad de la Torre es la insinuación de que *parousía* (término griego que significa presencia, venida, advenimiento) en Mateo 24:26–28 sólo puede traducirse "con exactitud" por *presencia*; de ahí que Cristo esté ahora presente y no venga.

Estos argumentos son otro ejemplo de las medias verdades que utilizan los Testigos de Jehová para descarriar a la gente. En primer lugar, diremos que Thayer, al que se estima digno de confianza en el campo de la erudición, afirma claramente en la página 490 de su *Greek-English Lexicon of the New Testament* (Lexicón griego-inglés del Nuevo Testamento) que *parousía*, especialmente en el Nuevo Testamento, se refiere a la segunda venida de Cristo en forma *visible* para resucitar a los muertos, celebrar el juicio final, y establecer el reino de Dios. Cristo está presente, y su "presencia" siempre está cercana ("No te desampararé", Hebreos 13:5; "Yo estoy con vosotros todos los días, hasta el fin del mundo", Mateo 28:20) porque como Dios El es omnipresente y está en todas partes; pero eso no significa que se encuentre presente físicamente como las Escrituras afirman que sucederá en su segundo advenimiento. La segunda venida de Cristo es la "esperanza bienaventurada" de la cristiandad (Tito 2:13), y el lenguaje que se emplea para describir su certeza visible es muy explícito. En Tito 2:13, la palabra griega *epipháneia* ("aparición") se traduce más correctamente por "manifestación" o "visible", de *phaneró* —"hacer manifiesto, visible o conocido"— (Thayer, *Greek-English Lexicon of the New Testament*, p. 648). El lenguaje se explica por sí solo. Cuando el Señor vuelva con sus santos, "todo ojo le verá" (Mateo 24:30, cf. Apocalipsis 1:7). ¿Cómo pueden entonces los Testigos de Jehová pretender que El ya ha vuelto pero en forma invisible? La respuesta es que no pueden hacerlo y seguir siendo honrados en cuanto a la Escritura. Para establecer aun más estas grandes verdades, el apóstol Pablo escribe a Timoteo (1 Timoteo 6:14) y afirma claramente que el Señor Jesús aparecerá en cuerpo (al utilizar *epipháneia,* otra forma de *phaneró* que también indica visibilidad o manifestaciones). En 1 Tesalonicenses 4:16, 17, el regreso del Señor se revela como visible y audible, no invisible, como los Testigos de Jehová declaran contrariamente a la Escritura. El Antiguo Testamento confirma el regreso físico del Mesías: otro testimonio maravilloso de la consecuencia de la Palabra de Dios. Si comparamos Zacarías 12:10; 14:4 con Apocalipsis 1:7; Mateo 24:30; y Hechos 1:9–12, resulta obvio que la ascensión del Señor fue visible, ya que los discípulos lo *vieron* elevarse (en griego *tropos*), y de igual manera los ángeles declararon que volvería. Zacarías 12:10 cita a Jehová (una prueba más de la deidad de Cristo): "Y mirarán a *mí*, a quien traspasaron" (cursivas del autor). Apocalipsis 1:7 afirma que Cristo es Aquel a quien traspasaron, y el que estará *visible* a los ojos humanos. Zacarías 14:4 revela que Cristo toca el monte de los Olivos a su regreso visible, y las Escrituras enseñan que esto corrobora literalmente la proclamación angélica de Hechos 1:9–12 aun en cuanto al regreso de Jesús al mismo lugar de su ascensión (versículo 12). La doctrina del regreso físico de Cristo no se puede negar en las Escrituras, a menos que se caiga también en una negación de la Palabra de Dios, lo cual revelaría una ignorancia insondable.

Los Testigos de Jehová y el gobierno humano

Los Testigos de Jehová se niegan a rendir tributo, de la forma que sea, a la bandera de cualquier nación, o incluso a defender su propia patria del ataque del enemigo. El patriotismo que se manifiesta sirviendo en el ejército no constituye una de sus creencias, ya que pretenden ser embajadores de Jehová y como tales se consideran independientes de la lealtad a cualquier gobierno que no sea el de Dios. En esta era de incertidumbre, la sinceridad es una joya sin precio; y no hay duda de que los Testigos de Jehová se creen sinceros, pero todos sus argumentos no valen de nada ya que en Romanos 13:1–7 Pablo esboza claramente la tesis de que el gobierno humano ha sido instituido por Dios. Pablo hace todo lo posible por recalcar que las "autoridades superiores" (reglas de gobierno humano) son permitidas y sancionadas por el Señor. Como presuntos seguidores de la Palabra de Dios, los "testigos" deberían prestar atención tanto a Cristo como a Pablo y dar "a César lo que es de César"; lo cual en el contexto de Romanos 13:1–7, significa claramente sujeción a la autoridad del gobierno. Pablo resuelve la cuestión de modo decisivo, y para terminar nos referimos a su enseñanza:

> Sométase toda persona a las autoridades superiores; porque no hay autoridad sino de parte de Dios, y las que hay, por Dios han sido establecidas. De modo que quien se opone a la autoridad, a lo establecido por Dios resiste; y los que resisten, acarrean condenación para sí mismos. Porque los magistrados no están para infundir temor al que hace el bien, sino al malo. ¿Quieres, pues, no temer la autoridad? Haz lo bueno, y tendrás alabanza de ella; porque es servidor de Dios para tu bien. Pero si haces lo malo, teme; porque no en vano lleva la espada, pues es servidor de Dios, vengador para castigar al que hace lo malo. Por lo cual es necesario estarle sujetos, no solamente por razón del castigo, sino también por causa de la conciencia. Pues por esto pagáis también los tributos, porque son servidores de Dios que atienden continuamente a esto mismo. Pagad a todos lo que debéis: al que tributo, tributo; al que impuesto, impuesto; al que respeto, respeto; al que honra, honra (Romanos 13:1–7).

La existencia del infierno y del castigo eterno

El tema de la existencia del infierno y del castigo eterno no representa ningún problema para los estudiantes de la Biblia que estén dispuestos a realizar una exégesis honrada sin el estorbo de las enseñanzas de organizaciones humanas. Los Testigos de Jehová emplean palabras cargadas de emocionalismo —tales como "gritadores de infiernos de fuego" y "fanáticos religiosos"— para describir las ideas teológicas de cualquiera que discrepa de su filosofía. Para comprender sus puntos de vista, debemos dejar claro en primer lugar que sus creencias no están basadas en ningún conocimiento bien fundado o válido de los idiomas originales; y debería recordarse que este factor en particular influye prácticamente en cada una de las fases principales del estudio semántico.

Sin embargo, consideraremos ahora este problema en su contexto y lo contrastaremos con la interpretación de los "testigos", que profesa haber resuelto el problema; aunque es difícil determinar sobre qué bases.

1. Para empezar, los Testigos de Jehová utilizan un razonamiento pobre para su construcción gramatical, y según toda evidencia jamás comprueban los escritos originales más allá de la fase del léxico o el diccionario. A continuación presento pruebas sobre el particular e intento demostrar esta deficiencia. En las páginas 69 y 70 de *Let God Be True* (ed. 1946) (Sea Dios veraz) aparece la siguiente afirmación:

> Si usted tuviera que traducir al inglés un libro escrito en otro idioma, y descubriera que en el texto sale la palabra *pan* 65 veces, ¿la traduciría 31 veces como *pan*, 31 como *pescado* y 3 como *carne*? Naturalmente que no. ¿Por qué? Porque si lo hiciera su traducción no sería correcta; ya que lo que es *pan* no puede ser al mismo tiempo *pescado* ni *carne*, o viceversa. Pues lo mismo sucede con la palabra *seol*. Si el seol es la tumba, resulta imposible que al mismo tiempo sea un lugar de tortura de fuego y un abismo.

Resulta muy curioso destacar de pasada que en la revisión que hizo la Torre del Vigía de *Let God Be True* en 1951, este párrafo se omitió cuidadosamente.

De modo que para cualquier "testigo" de Jehová, el infierno ("seol") significa literalmente "la tumba", el lugar donde los mortales aguardan la resurrección. Su principal argumento para ello es que una palabra griega o hebrea quiere decir una sola cosa y no tiene connotaciones contextuales. Este es un planteamiento típico de los Testigos de Jehová, y revela nuevamente las deficiencias lingüísticas de la organización. En primer lugar, el mismo ejemplo que el autor del capítulo utiliza referente al pan, el pescado y la carne, es una realidad en el texto de la Biblia; y a menos que se reconozca la variedad de sentidos que tienen las palabras en diferentes contextos no es posible comprender el claro significado de la Escritura. Un poco de investigación hubiera revelado esta verdad. En el texto hebreo, la palabra *lechem* significa "pan" 238 veces, "banquete" una vez, "alimento" veintiuna, "fruto" una, "hogaza" cinco, "carne" dieciocho, "provisión" una, "vituallas" dos, y "comer" una. Está claro que "seol" posee varios significados que deben decidirse según el contexto y no por las conjeturas de autores mal informados.

2. En segundo lugar, los Testigos de Jehová han concebido la muerte como inconsciencia o extinción; definición que no se encuentra en la Biblia. En el sentido bíblico, morir jamás significa extinguirse o ser aniquilado, y ni en el Antiguo Testamento ni en el Nuevo hay ninguna palabra griega o hebrea que quiera decir tal cosa. La muerte se describe en la Biblia como una separación: "El alma que pecare, esa será *separada*" (Ezequiel 18:4) (paráfrasis del autor); esta es una mejor traducción en el sentido que transmite la palabra. Cuando Adán pecó, su alma se separó de Dios en cuanto a la comunión; y como consecuencia, como resultado del pecado, todos los hombres mueren o son separados de Dios tanto por el pecado de Adán como por el suyo propio. Pero Dios ha provisto una reconciliación para nosotros en la persona de su Hijo; y nosotros "nacemos de nuevo", y somos regenerados y reconciliados con Dios por el sacrificio de su Hijo "en quien tenemos redención por su sangre, el perdón de pecados" (cf. Juan 3:3–7, 15, 16; 2 Corintios 5:17–21; Colosenses 1:14). Por tanto, vemos que la muerte no es en realidad extinción, sino existencia consciente, como se demostró en Mateo 17:1–3 cuando Moisés y Elías hablaron con Cristo. El cuerpo de Moisés estaba muerto; nadie negará tal cosa; pero según los Testigos de Jehová, su alma también. Entonces ¿qué o quién era el que hablaba con Jesús? La respuesta es sencilla: Moisés, un alma viviente, conversó con Cristo, y ¡estaba vivo y consciente! La propia declaración de Jesús corrobora todo esto: "Yo soy la resurrección y la vida; el que cree en mí, aunque esté muerto, vivirá. Y todo aquel que vive y cree en mí, no morirá eternamente" (Juan 11:25, 26). Por tanto, la muerte no es más que una separación entre las personalidades, y no la extinción de éstas (Isaías 59:1, 2; véase también 2 Corintios 5:8 y Filipenses 1:21–23).

3. En la página 96 de *Let God Be True*, los Testigos de Jehová pretenden que "todas las veces que infierno es la traducción de la palabra griega *gehenna*, su significado es destrucción eterna".

Esta es verdaderamente una tergiversación insolente del idioma griego, y sin lugar a dudas puede considerarse en segunda posición después de la falacia del "un dios" de Juan 1:1, como ejemplo destacado de una total falsedad. No hay ninguna evidencia de que en el Nuevo Testamento *gehenna* jamás signifique aniquilación, sino más bien prueba abundante de lo contrario. En Mateo 5:22, *gehenna* se describe literalmente como "el infierno de fuego"; y en el capítulo 10, versículo 28 aparece junto con *apólesai* ("ser entregado al sufrimiento eterno", véase Thayer, p. 64). Gehenna indica sufrimiento eterno, y en Mateo 18:9 las mismas palabras ("el infierno de fuego") corroboran el capítulo 5, versículo 22. Si hemos de proseguir con el argumento de los Testigos de Jehová, entonces *gehenna* significa simplemente "los hornos humeantes de Hinom"; pero ¿es ese fuego eterno? ¡No! Ya que hoy día el valle de Hinom no arde; de modo que a menos que Jesús quisiera ponerlo como ejemplo sólo para quienes vivían en aquella época —lo cual ni siquiera los Testigos de Jehová afirman—, gehenna debe ser lo que es: el símbolo de la separación eterna en tormento consciente por una llama que no puede ser apagada (Isaías 66:24).

4. Resulta infructuoso seguir adelante con este análisis del griego, ya que por los contextos queda claro que con seol, hades y gehenna se quiere describir algo más que la tumba o la extinción. Sin la ayuda de ninguna exégesis textual complicada, dejaremos que la Palabra de Dios hable por sí misma encomendando al lector honrado la decisión final de si la doctrina bíblica no es más bien el castigo eterno que la aniquilación. Los siguientes versículos se refieren colectivamente a un lugar de tormento eterno y consciente donde Satanás y sus seguidores deben permanecer en un perpetuo sufrimiento (o desdicha) futuro, separados de la presencia de Dios y de "la gloria de su poder" (2 Tesalonicenses 1:9; cf. Thayer, p. 443a sobre *ólethros* y el latín *vulnus, herir*).

1. Y os digo que vendrán muchos del oriente y del occidente, y se sentarán con Abraham e Isaac y Jacob en el reino de los cielos; mas los hijos del reino serán echados a las tinieblas de afuera; allí será el lloro y el crujir de dientes (Mateo 8:11, 12).

2. Y los echarán en el horno de fuego; allí será el lloro y el crujir de dientes (Mateo 13:42, 50).

3. Entonces el rey dijo a los que servían: Atadle de pies y manos, y echadle en las tinieblas de afuera; allí será el lloro y el crujir de dientes (Mateo 22:13).

4. Esforzaos a entrar por la puerta angosta; porque os digo que

muchos procurarán entrar, y no podrán. Después que el padre de familia se haya levantado y cerrado la puerta, y estando fuera empecéis a llamar a la puerta, diciendo: Señor, Señor, ábrenos, él respondiendo os dirá: No sé de dónde sois. Entonces comenzaréis a decir: Delante de ti hemos comido y bebido, y en nuestras plazas enseñaste. Pero os dirá: Os digo que no sé de dónde sois; apartaos de mí todos vosotros, hacedores de maldad. Allí será el llanto y el crujir de dientes, cuando veáis a Abraham, a Isaac, a Jacob y a todos los profetas en el reino de Dios, y vosotros estéis excluidos (Lucas 13:24–28).

5. Estos son fuentes sin agua, y nubes empujadas por la tormenta; para los cuales la más densa oscuridad está reservada para siempre (2 Pedro 2:17).

6. Fieras ondas del mar, que espuman su propia vergüenza; estrellas errantes, para las cuales está reservada eternamente la oscuridad de las tinieblas (Judas 13).

7. Y el tercer ángel los siguió, diciendo a gran voz: Si alguno adora a la bestia y a su imagen, y recibe la marca en su frente o en su mano, él también beberá del vino de la ira de Dios, que ha sido vaciado puro en el cáliz de su ira; y será atormentado con fuego y azufre delante de los santos ángeles y del Cordero; y el humo de su tormento sube por los siglos de los siglos. Y no tienen reposo de día ni de noche los que adoran a la bestia y a su imagen, ni nadie que reciba la marca de su nombre (Apocalipsis 14:9–11).

8. Y la bestia fue apresada, y con ella el falso profeta que había hecho delante de ella señales con las cuales había engañado a los que recibieron la marca de la bestia, y habían adorado su imagen. Estos dos fueron lanzados vivos dentro de un lago de fuego que arde con azufre (Apocalipsis 19:20).

Estos versículos son una prueba terminante de que la separación eterna y consciente de Dios, así como el tormento verdadero, existen; y ninguna confusión posible de terminología puede cambiar su significado en el contexto. Apocalipsis 20:10 es quizás el versículo más descriptivo de todos en el griego. Juan afirma categóricamente que "el diablo que los engañaba fue lanzado en el lago de fuego y azufre, donde estaban la bestia y el falso profeta; y serán atormentados *(basanisthésontai)* día y noche por los siglos *(aionas)* de los siglos". La palabra griega *basanizo* significa literalmente "atormentar", "ser acosado", "torturar", u "hostigar con intensos dolores" (Thayer, p. 96b), y se utiliza a lo largo de todo el Nuevo Testamento para indicar gran dolor y desdicha consciente; no aniquilación, cese de la conciencia o extinción. Más pruebas de la realidad del tormento consciente, y en contra de la aniquilación, pueden verse en los siguientes versículos, donde se emplea *basanizo* para revelar lo cierto de la justicia eterna de Dios.

1. *Mateo 8:6*: El atormentado (sufriendo) por la parálisis *(basanizómenos)*.
2. *Mateo 8:29*: Los demonios, dirigiéndose a Jesús, admiten la certeza de su futuro tormento *(basanísai)*: "¿Has venido acá para *atormentarnos* antes de tiempo?"
3. *Marcos 5:7*: Otra vez grita el demonio: "No me atormentes" *(basanisas)*. Obviamente, temía el dolor consciente, no la extinción.
4. *Lucas 8:28*: Una vez más un demonio revela su conocimiento del tormento *(basanisas)* futuro, y suplica a Cristo: "No me atormentes".
5. *Apocalipsis 14:10, 11*: "El [el creyente en la bestia] . . . será atormentado *(basanisthesetai)* con fuego y azufre delante de los santos ángeles y del Cordero; y el humo de su tormento sube por los siglos de los siglos. Y no tienen reposo [*anápausis*, Thayer, p. 40b; e igualmente Liddell y Scott] de día ni de noche los que adoran a la bestia y a su imagen, ni nadie que reciba la marca de su nombre".

Por tanto, las Escrituras enseñan claramente el castigo y tormento conscientes y eternos para los que rechacen a Cristo como Señor; y el lenguaje de los textos no deja lugar a dudas en cuanto a que los apóstoles pretendían confirmar esto mismo. Los Testigos de Jehová consideran a Dios un "desalmado" porque ejecuta un eterno juicio justo. Ellos dan gran importancia al hecho de que Dios es amor; pero olvidan que al serlo, es asimismo justicia, y debe exigir una venganza infinita de los que pisoteen la preciosa sangre de Cristo, el Cordero inmolado por los pecadores perdidos desde la fundación del mundo. La muerte no es extinción, ni el infierno un mito: el eterno castigo consciente supone una aterradora realidad de la infinita justicia de Dios sobre las almas de los hombres incrédulos. El apóstol Pablo resumió esta certidumbre en Romanos 2:8, 9, al declarar que la ira *(orgés)* y el enojo *(thymós)* de Dios están sobre todos los que hacen injusticia. Estas dos palabras tienen un uso idéntico en Apocalipsis 14:10, donde Juan habla del tormento eterno de los que sirven a la bestia: "El también beberá del vino de la ira [*orgés*] de Dios, que ha sido vaciado puro en el cáliz de su ira [*thymou*]. De modo que el cuadro está claro: Dios es tanto amor como justicia, y no es él quien condena al hombre, sino el hombre quien se condena a sí mismo; como está escrito: "Porque por tus palabras serás justificado, y por tus palabras serás condenado" (Mateo 12:37).

5. En *Let God Be True*, p. 93, los Testigos de Jehová vuelven a exhibir su falta de conocimiento respecto a lo que creen los cristianos ortodoxos, cuando al hablar de los "teólogos religiosos", declaran: "Pero ¿no están Satanás —el diablo— y sus demonios abajo en el infierno manteniendo vivos los fuegos y haciendo que lo pasen mal los que se encuentran allí? Eso es lo que enseña el clero de la cristiandad". Es una tontería suponer que el diablo y sus demonios estén "abajo en el infierno manteniendo vivos los fuegos" y ningún clérigo o cristiano responsable haría una afirmación tan infantil. Los Testigos de Jehová atribuyen al cristianismo el mismo calibre de razonamiento que atrae a sus mentes incultas. Pretender que los "fanáticos religiosos" enseñan tales doctrinas es revelar una ignorancia de los hechos; síntoma nada saludable en el proceso del análisis lógico.

No está justificado que hagamos más comentarios sobre el asunto; y realizar un examen adicional sería superfluo.

6. Los Testigos de Jehová consideran Lucas 6:19–31 una parábola en el texto; pero en ninguna parte del relato de Lucas se respalda tal cosa. Esto es pura conjetura. Los "testigos" pretenden que la "parábola" describe un acontecimiento futuro que se cumplió en 1918. El hombre rico representa al clero, y Lázaro al "cuerpo de Cristo fiel": el clero es constantemente atormentado por la verdad que proclama el remanente fiel (*Let God Be True*, p. 98). Comentar sobre esta farsa de interpretación no tiene sentido, ya que los Testigos de Jehová tuercen las Escrituras para que éstas sirvan a sus fines, sin tener en cuenta el trasfondo textual. En su historia, el Señor Jesús describía gráficamente la condición de un alma perdida (el hombre rico) que había desechado a Dios, y de un mendigo que participaba de la gracia del Señor. Después de la muerte física, el rico fue a un tormento consciente (en griego *basanois*, versículo 24, e incluso proclamaba su angustia espiritual en forma lúcida (en griego *odynomai*): "Estoy atormentado" (véase Thayer, p. 438b). No hay lugar a dudas de que estaba sufriendo y lo sabía. Los Testigos de Jehová creen que para sufrir uno ha de

existir físicamente; pero eso es, cuando menos, ingenuo, ya que las almas sufren, como demuestra este relato. También debemos recordar que Cristo jamás utilizaba nombres propios en sus parábolas, como por ejemplo *Lázaro*. Aunque literal, el lenguaje describe enérgicamente el sufrimiento espiritual.

Debemos deducir, por lo tanto, que lo que relata Lucas es un caso verídico: un hecho histórico en el que un alma sufría después de la muerte y estaba consciente de su tormento. A pesar de las conjeturas que se introduzcan en este punto, la conclusión es cierta: hay un castigo consciente después de la muerte; y lo acepten o no los Testigos de Jehová, sigue siendo una doctrina bíblica respaldada por la Palabra de Dios.

El diablo, Satanás

En *Let God Be True*, p. 65, los Testigos de Jehová citan Ezequiel 28:16–19 y sostienen la aniquilación de Satanás; pero a la luz de las Escrituras antes mencionadas, debe considerarse el aspecto de los significados en hebreo. La palabra que se traduce por "destruir" (*'abad*) no transmite la idea de aniquilación ni extinción; aquí puede verterse como "dar por perdido, dado por perdido, o desechar" (cf. Eclesiastés 3:6b, y también el *Hebrew-English Lexicon* —Léxico hebreo-inglés— de Gesenius). Si Ezequiel 28:19 es, como se traduce en *Let God Be True*, p. 65, "Nunca más serás", la palabra hebrea *'ayin* puede traducirse adecuadamente por "faltar" o "desaparecer", pero *no* por dejar de existir (cf. Isaías 44:12; 1 Reyes 20:40). El uso de *'ayin* en la estructura de las frases hebreas es el medio corriente para negar oraciones sustantivadas. En 1 Reyes 20:40, por ejemplo, cuando se dice que "el hombre desapareció", el término *'ayin* se utiliza para indicar la ausencia o el escape del hombre, *no* su extinción. Si los Testigos de Jehová persisten en su doctrina de aniquilación en lo que respecta a Satanás, también deben creer que el hombre del pasaje en cuestión fue aniquilado; sin embargo, el contexto descarta esa interpretación como absurda. El cuadro está claro, por tanto, en vista de la interpretación del lenguaje. Satanás *debe sufrir* y *sufrirá* el tormento eterno con sus seguidores; la Palabra de Dios da un testimonio irrefutable de esta verdad.

El hombre alma viviente, su naturaleza y destino

Al examinar este problema, ningún pensador crítico puede pasar por alto la confusión de términos utilizada por los Testigos de Jehová para respaldar su argumento de que el alma no es una entidad eterna. Sería tonto extremarse en esta tesis, ya que la palabra hebrea (*nephesh*) y la griega (*psykhé*) poseen grandes aspectos de significado imposibles de sondear sin una exégesis exhaustiva de las fuentes originales. El problema radica en el concepto erróneo de los "testigos" de que el alma es meramente un principio de vida, y no una entidad. La Biblia enseña claramente, en numerosos pasajes (Génesis 35:18; 1 Reyes 17:21, 22; Apocalipsis 6:9–11, entre otros) que el alma se va del cuerpo a la hora de la muerte física, que no se destruye con ella, y que puede ser restaurada por Dios si El lo desea.

En un estudio exegético nunca se subraya demasiado la importancia que tiene el definir los términos; y en el problema que nos ocupa, esto resulta de suma importancia. Por tanto, antes de poder decidir quién o qué es inmortal, debemos saber qué significa el término inmortalidad en sí. Debido a la evolución de todo idioma, hemos de comprender que el campo semántico de las palabras cambia a medida que pasa el tiempo. La palabra española "inmortal" tiene entre otros un sentido particular de "no mortal"; sin embargo, en la mayoría de los círculos —y también en teología— este término encierra el significado de "liberación de la muerte". La cuestión que se suscita entonces es: "¿Quiere decir sólo eso la Escritura cuando utiliza el término "inmortal"? Contrariamente a la creencia de algunos, *no* hay *ninguna cita* en la Biblia que pueda emplearse para demostrar que el hombre o su alma son inmortales.

Para ir todavía un paso más allá, diremos que no hay nada en la Escritura que afirme que algo o alguien aparte de Dios mismo sea inmortal. Analicemos este asunto.

En el texto griego hay dos palabras que se traducen por "inmortalidad": la primera es *athanasían*, que aparece tres veces y cada una de ellas se vierte como "inmortalidad"; la otra *aphtartós*, que se traduce por "inmortalidad" dos veces y por "incorrupción" cuatro. Veamos ahora el uso de estos términos. El primero de ellos, *athanasían*, se emplea en 1 Timoteo 6:16 hablando de Dios: "El *único* que tiene inmortalidad [*athanasían*], que habita en luz inaccesible; a quien *ninguno de los hombres* ha visto ni puede ver". En 1 Corintios 15:53, 54, se usa de nuevo *athanasía* dos veces; pero en ese mismo versículo tenemos también dos veces *aphthartós*. Pablo está hablando aquí de la segunda venida de Cristo, y en el versículo 53 declara: "Porque es necesario que esto corruptible se vista de incorrupción [*aphtharsían*], y esto mortal se vista de inmortalidad [*athanasían*]. Y cuando esto corruptible *se haya vestido* [aoristo medio subjuntivo del verbo *endyo*] de incorrupción [*aphtharsían*], y esto mortal se *haya vestido* de inmortalidad [athanasían], entonces se cumplirá la palabra que está escrita: Sorbida es la *muerte* en victoria" (versículo 54). Aquí vemos que en los dos sitios donde se utiliza *athanasían* con relación al hombre, resulta evidente que se trata de una inmortalidad futura y no una que se posea en la actualidad.

De igual manera, cuando *aphtharsían* se emplea aquí, en Romanos 2:7 —"algo que se busca" (paráfrasis del autor)—, y en 1 Pedro 1:4 —"reservada en los cielos para vosotros"—, se está hablando de la incorrupción que el hombre recibirá en alguna fecha futura, y que no posee en el tiempo presente. Sólo cuando se hace referencia a la inmortalidad o incorrupción de Dios, se usa el presente (1 Timoteo 6:16, 1:17; Romanos 1:23). Por tanto, decir que los santos son inmortales (si por inmortalidad entendemos *athanasían* o *aphtharsían*) no resulta bíblico; debemos decir que los santos *serán* inmortales. También se puede ver claramente en 1 Corintios 15:53, 54, que esta inmortalidad (*athanasían*) y esta incorrupción (*aphtharsían*) nos las *vestiremos (endysetai)* como hacemos con una prenda de vestir. De la misma manera que Pablo nos exhorta a vestirnos (*endysasthe*) de Cristo (Romanos 13:14; Gálatas 3:27), las armas de la luz (Romanos 13:12), el nuevo hombre (Efesios 4:24), y la armadura o panoplia de Dios (Efesios 6:11), deberemos ponernos también la inmortalidad; por tanto, deducimos que *athanasían* o *aphtharsían* tienen un significado más extenso que el de ser "eterno". Debe comprenderse que la inmortalidad y la incorrupción, *una vez dadas*, supondrán un cambio —"liberación de la muerte"—, y no simplemente la concesión y la recepción de un atributo. Los Testigos de Jehová se han equivocado de mala manera en el uso de inmortalidad, y ese error, junto con su famosa práctica del cambio de términos, ha dado como resultado la confusión y una exégesis pobre.

Ahora bien, respecto a la eternidad del alma humana, debemos consultar las fuentes idiomáticas vigentes. Cuando empleamos el término "eterno" con relación al alma del hombre, queremos decir que ésta, *después* de haber sido creada por Dios, existirá (tiempo futuro) de un modo que se prolongue hasta la eternidad, perpetuamente. Ya que sólo hay un lugar donde el buscador sincero puede encontrar información verdadera sobre la existencia eterna del alma (la revelación que Dios Hacedor del alma ha dado al hombre: su Palabra), vayamos a ella y consideremos la voluntad divina declarada en la misma.

La revelación enseña primeramente que se puede conocer a Dios, y en segundo lugar que el alma del hombre es eterna. En Hebreos 1:1 leemos: "Dios, habiendo hablado muchas veces y de muchas maneras en otro tiempo a los padres por los profetas, en estos postreros días nos ha hablado por el Hijo, a quien constituyó heredero de todo, y por quien asimismo hizo el universo". A lo largo de toda la historia, Dios se ha manifestado al hombre de diversas formas; y ninguna época ha quedado sin un testimonio suyo. En el Antiguo Testamento El reveló su propio ser y su voluntad a la humanidad por los profetas, las visiones y un contacto oral directo. Sin embargo, cuando llegó el cumplimiento del tiempo, Dios envió a su Hijo en semejanza de carne de pecado y completó así su revelación progresiva. Desde la creación del hombre sobre la tierra, éste siempre ha podido —si lo ha deseado— conocer a Dios y su voluntad; por tanto, de Adán en adelante los hombres que no conocen a Dios no tienen excusa.

La revelación divina no es sólo una manifestación de Dios al hombre, sino también la respuesta a las preguntas: ¿De dónde vinimos? ¿Es el hombre un ser espiritual además de material? ¿Qué valor tiene? ¿Hacia dónde va?

La revelación divina señala que el hombre es una criatura de Dios, hecha a su imagen espiritual (Génesis 1:26; 5:1; 1 Corintios 11:7); que fue formado para tener la preeminencia sobre las demás criaturas (Génesis 1:28; Salmo 8:6; Salmo 82:6; Mateo 6:26; y Mateo 12:12); que es indudablemente un ser espiritual (Job 32:8;

Salmo 51:10; Eclesiastés 12:7; Hechos 7:59; y 2 Corintios 4:13); que es objeto del amor de Dios (Juan 3:16; Apocalipsis 1:5); que pecó y perdió el favor divino (Génesis 3:1–19). También explica que las consecuencias del pecado de Adán pasaron a toda la humanidad (Romanos 5:12); que Dios mandó a su Hijo para redimir al hombre (Juan 3:16); que esta redención se realiza por la muerte vicaria de Cristo (Mateo 26:28; Hechos 20:28; Romanos 5:9; Hebreos 9:14; 1 Pedro 1:18, 19; 1 Juan 1:7; Apocalipsis 1:5; 7:14; Colosenses 1:20); y que la salvación se obtiene por medio de un nuevo nacimiento mediante la fe en Jesucristo (Juan 3:3–16).

Debemos, por lo tanto, deducir que, ya que "Dios es Espíritu" (Juan 4:24), y como tal incorpóreo, debió impartir al hombre una naturaleza espiritual creada a su propia imagen; de otra manera Génesis 1:26 no tendría sentido.

Entonces surge la pregunta: "Si Cristo redime a los que aceptan su salvación, ¿cuál es la diferencia entre los que son redimidos y los que no lo son?" Está claro que la redención no consiste únicamente en gozar del favor de Dios aquí en la tierra; y eso nos lleva a la enseñanza bíblica de la existencia eterna del alma. Primeramente hay muchas pruebas de que el alma existe como entidad consciente una vez que abandona el cuerpo; y no encontramos ninguna evidencia bíblica que lo contradiga. En Lucas 20:37, 38, el Señor Jesús, hablando de la revelación que Dios dio a Moisés, deja claro que cuando le dijo: "Yo soy el Dios de Abraham, de Isaac y de Jacob", quería dar a entender que El no era Dios de los muertos, sino de los vivos; aunque hacía mucho que Abraham, Isaac y Jacob habían muerto físicamente. La única conclusión razonable, por tanto, es que aquellos grandes santos de Dios del Antiguo Testamento poseían naturalezas espirituales que trascendían la muerte física.

En el capítulo 17 de Mateo vemos a Moisés y a Elías en el monte de la Transfiguración con Cristo y teniendo comunión con El; sin embargo, sabemos que Moisés llevaba muerto muchos siglos, y que la Escritura no registra su resurrección en ninguna parte. Los Testigos de Jehová pretenden que se trataba de una visión, y no de una evidencia "verdadera" de la existencia del alma más allá de la tumba; y señalan a Mateo 17:9, donde la traducción castellana de la palabra griega *oráma* es *visión*. Sin embargo, ese término griego se vierte literalmente en este contexto como "lo que se ve: un espectáculo" (véase Thayer, op. cit., p. 451), y no como una mera *visión*.

En Lucas 16:19–31, Jesús (y esto no es una parábola) muestra la diferencia que hay después de la muerte entre el estado del alma de los redimidos y el de los malvados. En Apocalipsis 6:9, vemos las almas de los que han sido martirizados a causa de Cristo que claman por venganza. En 2 Corintios 5:1–9, Pablo deja claro que estar ausente del cuerpo es estar conscientemente "presente" al Señor o en casa con El. Pero las Escrituras van todavía más allá, ya que hablan de una resurrección del cuerpo (Job 19:25; 1 Tesalonicenses 4:16, 17; 1 Corintios 15:35–57). En esta última cita, 1 Corintios 15 (versículos 35–49), se encuentra la respuesta a la pregunta que hace sufrir a los Testigos de Jehová, o sea, (versículo 35), "¿Cómo resucitarán los muertos? ¿Con qué cuerpo vendrán?" Vemos que en el versículo 36 Pablo llama "necio" a uno que se atormenta con dicha pregunta.

Ahora que hemos considerado el problema de la existencia del alma después de la muerte y la resurrección del cuerpo, vemos que la Escritura es clara en su enseñanza de que los que rechazan la salvación de Dios sufrirán por toda la eternidad en las tinieblas de afuera (Mateo 8:11, 12; 13:42–50; 22:13; 2 Pedro 2:17; Judas 13; Apocalipsis 14:9–11; 19:20), y que los que la aceptan morarán con Cristo eternamente en gozo y paz (Juan 14:1–3; 17:24; Lucas 20:36; 1 Tesalonicenses 4:17; Apocalipsis 22:5). Aquí se revela lo que creemos es el verdadero significado de los términos bíblicos "inmortalidad e incorrupción" (*athanasían* y *aphtharsían*). También debemos comprender que estas palabras no se aplican a Dios Padre en el mismo sentido que a Dios Hijo. Cuando vengamos "con" Cristo del cielo (1 Tesalonicenses 4:14) seremos hechos como El en cuanto a que tendremos un alma y un cuerpo *incapaces* de pecar —no terrenales, sino celestiales—; nos vestiremos de *aphtharsían* y *athanasían* y permaneceremos con Jesús por la eternidad.

Como declaré al comienzo de este apartado, sería inútil refutar todos los errores de concepto de la teología de los "testigos"; por tanto, he presentado lo que considero suficiente evidencia para demostrar que el hombre tiene un alma eterna y permanecerá para siempre ya sea en el gozo o en la aflicción consciente; y que los que crean y confíen en Cristo como Salvador personal, "se vestirán" de esa inmortalidad cuando El vuelva.

Referente a los Testigos de Jehová, sólo podemos decir lo que dijo Pablo a los corintios en 2 Corintios 4:3, 4: "Pero si nuestro evangelio está aún encubierto, entre los que se pierden está encubierto; en los cuales el dios de este siglo cegó el entendimiento de los incrédulos, para que no les resplandezca la luz del evangelio de la gloria de Cristo, el cual es la imagen de Dios"; y lo que declara en 2 Tesalonicenses 2:10b, 11: "Por cuanto no recibieron el amor de la verdad para ser salvos. Por esto Dios les envía un poder engañoso, para que crean la mentira".

Un estudio sincero de este problema revelará a cualquier estudiante bíblico interesado, que el hombre posee una naturaleza eterna e inmaterial que fue modelada para ocupar una habitación eterna, ya sea en continua dicha o en continuo tormento. Estos son por tanto la naturaleza y el destino seguro del hombre.

Notas del autor

La siguiente lista parcial de referencias al alma y al espíritu del hombre, sacadas del Antiguo y del Nuevo Testamentos, suministrará al lector interesado, en nuestra opinión, una amplia evidencia de que el ser humano no es meramente la combinación de cuerpo y aliento que forma un alma viviente —como enseñan los Testigos de Jehová—; sino más bien un alma, o espíritu, en posesión de forma corporal.

El equivalente hebreo de alma en el Antiguo Testamento es *nephesh*, y de espíritu, *ruach*; mientras que en griego son *psykhé* y *pneuma*, respectivamente.

1. Se trata de una entidad que posee los atributos de la vida (Isaías 55:3) y separada del cuerpo (Mateo 10:28; Lucas 8:55; 1 Tesalonicenses 5:23; Hebreos 4:12; Apocalipsis 16:3); es decir, que existe independientemente de la forma material.
2. El alma se va con la muerte del cuerpo (Génesis 35:18).
3. El alma está consciente después de la muerte (Mateo 17:3; Apocalipsis 6:9–11).
4. El alma de Samuel estaba consciente después de la muerte de su cuerpo (1 Samuel 28:18, 19).

5. Esteban tenía un espíritu, el cual encomendó a Cristo en la hora de su muerte (Hechos 7:59).
6. Existe categóricamente el espíritu y alma del hombre (Isaías 57:16).
7. El espíritu es independiente del cuerpo (Zacarías 12:1).
8. El espíritu, el alma del hombre, hace lo que sólo una personalidad puede hacer: "está dispuesto" —*próthymon*— (Mateo 26:41).
9. Se nos manda que adoremos en espíritu (Juan 4:23; Filipenses 3:3) ya que Dios es espíritu.
10. El espíritu del hombre tiene el atributo de la personalidad, la capacidad de testificar (Romanos 8:16, 26), y la facultad de "saber" (1 Corintios 2:11).
11. El espíritu puede salvarse o perderse (1 Corintios 5:5), y pertenece a Dios; se nos manda que glorifiquemos a Dios en nuestro espíritu (1 Corintios 6:20).
12. El espíritu o alma pasa a la eternidad y es una entidad consciente (Gálatas 6:8).
13. Cristo está con nuestro espíritu (2 Timoteo 4:22), ya que el espíritu es la vida del cuerpo (Santiago 2:26).
14. Nacemos del Espíritu de Dios, y por tanto somos espíritus nosotros mismos (Juan 3:5, 6).

Estas referencias bastarán para demostrar que la naturaleza inmaterial del hombre es mucho más que la combinación de aliento y carne, como sostienen los Testigos de Jehová.

El reino de los cielos

El alma humana, desfigurada y manchada como está por la carga del pecado personal, busca constantemente la manera de escapar de la realidad de ese pecado y del castigo inherente al mismo. Cuando la verdad del castigo eterno es oscurecida por los conceptos idealistas de una dicha perpetua sin temor a un juicio final de la persona, el alma puede descansar —por así decirlo—, y el pecador, inconsciente de la ruina inminente debida a la justicia de Dios, descansa seguro en la convicción de que "Dios es amor". Víctimas de tal engaño, no es de extrañar que los Testigos de Jehová puedan construir con tanta calma "el reino de los cielos", ya que para ellos la infinita justicia de Dios no existe, y la retribución eterna es sólo un invento de los "gritadores de infiernos".

El reino bíblico de los cielos tiene muchos aspectos, ninguno de los cuales incluye la estructura jerárquica inventada que tan gráficamente se esboza en *Sea Dios veraz*. El Señor revela en Lucas 17:20, 21 que por un lado el reino está dentro del creyente; pero afirma con claridad que el aspecto celestial del mismo se hará visible y observable a su regreso (versículos 23–26). En Mateo 13, Jesús describe el reino de los cielos simbólicamente por medio de parábolas; sin embargo, siempre se presenta dicho reino como una realidad, y no como un gobierno invisible y fantasma. Los Testigos de Jehová dan el año 1914 como el fin de los tiempos de los gentiles y comienzo del reino invisible de Jesucristo, el rey celestial. Nadie puede determinar razonable ni cronológicamente cómo llegaron a esa fecha arbitraria; pero en *The Watchtower* correspondiente al 15 de julio de 1950 hay valiosas pruebas de que fue el "pastor" Russell quien formuló todo ese fraude. Allí en la página 216, leemos las siguientes declaraciones:

En una fecha tan temprana como 1880, las columnas de *La Atalaya* habían llamado la atención al hecho de que la cronología bíblica señalaba el año 1914 como final del período de 2.520 años al que Jesús se refirió con el nombre de "los tiempos de los gentiles" en su profecía acerca del fin del mundo (Lucas 21:24). En armonía con esto, se esperaba que en 1914 quedara establecido el reino de Dios por Jesucristo en el cielo, mientras que este mundo se vería envuelto en unos "días de tribulación" sin precedentes. Los líderes religiosos y los sistemas de la cristiandad estaban listos para reírse del hermano Russell y de los otros testigos de Jehová por el fracaso de sus predicciones anunciadas con relación al año 1914; pero no fue un asunto de risa cuando, a fines de julio, estalló la Primera Guerra Mundial, que para octubre se había convertido ya en una conflagración generalizada. Las bocas de la cristiandad religiosa quedaron en silencio ante el giro aterrador de los acontecimientos; pero no la del hermano Russell. El 1 de octubre de ese año, al ocupar su sitio en la mesa de desayuno del comedor en el Bethel de Brooklyn, con una voz fuerte que expresaba convicción, anunció:

"¡Los tiempos de los gentiles han terminado!"

Y sabiendo que el mundo había llegado al momento de su disolución, se negó a hacer caso al llamamiento pronunciado por el presidente Wilson de los EE.UU. para que todos los clérigos y predicadores se unieran en un día de oración nacional por la paz.

Así fue como, a la voz de un vendedor de artículos para caballeros colosalmente egoísta y sin instrucción, terminaron "los tiempos de los gentiles".

Para proseguir con la interpretación del Reino que hacen los Testigos de Jehová, debemos comprender que sólo 144.000 siervos fieles gobernarán con el Rey Jesús en la esfera celestial. Los "testigos" citan Apocalipsis 7:4 y 14:1, 3; pero pasan por alto que esos 144.000 son de las tribus de Israel (judíos) —12.000 de cada tribu— y no han de interpretarse de ninguna otra forma. No es algo metafórico, sino real; ya que las tribus se mencionan por nombre. Para ser consecuentes con su propio argumento, los Testigos de Jehová deben creer que sólo 144.000 miembros judíos de su organización tendrán el privilegio de reinar con Jesús. La tesis de que se trata de judíos espirituales no es válida; ya que incluso si lo fueran —que no lo son— se hablaría de "hijos de Abraham", no de Israel; y sobre este punto hay una gran diferencia de interpretación (Gálatas 3:29). Ismael, padre de la raza árabe y antepasado de Mahoma —fundador del Islam—, era hijo de Abraham (Génesis 16) según la carne al igual que Isaac, padre de Jacob; de manera que, como puede verse, la simiente de Abraham se diferencia de la selección del linaje de Israel; como está escrito: "Porque en Isaac te será llamada descendencia" (Génesis 21:12). Por tanto, queda claro que en estos textos se habla de Israel según la carne, y que no hay simbolismo espiritual; de modo que la conjetura formulada por los "testigos" de que esos 144.000 pertenecen al dominio del reino, se derrumba bajo la luz de la verdad bíblica.

Para terminar con este punto, resulta imperativo recordar que "no puede haber reino sin rey", y la Escritura es clara cuando afirma que el verdadero Reino se instituirá en el regreso visible de Cristo.

El Antiguo y el Nuevo Testamentos se corroboran entre sí en cuanto a establecer con toda certidumbre que habrá un regreso y un reinado visibles de Cristo (cf. Zacarías 14:4; Amós 9:8–15; Isaías 11 y 12; Ezequiel 37:20–28; Lucas 17:22 ss.; y Mateo 24:26–31, por mencionar algunos). Los Testigos de Jehová cumplen sin darse cuenta la profecía de Cristo de Mateo 24:23 ss., donde el Señor advierte contra falsos Cristos y falsos profetas que dirán aquí está el Cristo, o allí está (en el desierto, en los aposentos, etc.), y engañarán a muchos. Los "testigos" proclaman que El está aquí ahora; pero el Señor dijo que sería visible a su regreso, y que todo ojo lo vería (Apocalipsis 1:7; cf. Mateo 24:27–30). ¿Cómo podemos entonces dudar de su testimonio si El mismo ha dicho:

> Entonces aparecerá la señal del Hijo del Hombre en el cielo; y entonces lamentarán todas las tribus de la tierra, y *verán* [visiblemente] al Hijo del Hombre viniendo sobre las nubes del cielo, con poder y gran gloria (Mateo 24:30) (cursivas del autor).

A esto sólo podemos decir como Juan: "Sí, ven, Señor Jesús."

Al concluir esta porción de nuestro estudio sobre los Testigos de Jehová, es apropiado y de vital importancia presentar una imagen clara de lo que esta secta representa para todos los cristianos. La Sociedad de la Torre ha crecido rápidamente desde sus comienzos en 1881 hasta abarcar al mundo entero. Ya que la secta suprime la doctrina del castigo eterno por el pecado, apela en gran manera a los que creen ver en ella una escapatoria de la retribución por sus transgresiones personales. Los Testigos de Jehová ofrecen un "Reino" ilusorio a las personalidades que deseen importancia; y sobre todo una válvula para aliviar su ira contra las organizaciones y los líderes religiosos, cuyas doctrinas atacan calificándolas de "diabólicas". No creemos en absoluto que la mayoría de esa gente conozca las verdaderas implicaciones de las doctrinas de Russell; sin embargo, ningún testigo de Jehová podría negar su origen ruselista. Charles Taze Russell fundó, dirigió y propagó esta secta, entregando su vida al avance de la misma; y sus enseñanzas impregnan cada una de las fases principales de las doctrinas de la Sociedad, a pesar de la reserva que manifiestan sus líderes cuando se menciona su pasado. Pero ahora surge la siguiente pregunta: "¿Cómo puede tal cantidad de gente ser engañada por un tipo de religión tan obviamente fraudulenta?" Para comprenderlo hay que analizar las enseñanzas y los métodos de propagación de la secta.

Empecemos diciendo que jamás se ha dejado a ningún miembro de la Sociedad que piense por sí mismo.

Se presenta a todas las organizaciones y a todos los líderes religiosos como falsos, y cualquier cosa que éstos digan ha de ser desechada como "vanas filosofías de los hombres". Siempre se obliga a las Escrituras a conformarse a las creencias de los Testigos de Jehová, y jamás a éstos a que se conformen a las Escrituras. La mente jurídica de Rutherford hizo la mayor parte de estas conjeturas y superchería lingüística razonable para las mentes de la gente a las que se dirigía; y sus libros son obras maestras de premisas y conclusiones ilógicas y nulas.

Seguir la lógica y los procesos de razonamiento de Rutherford es tarea para un experto en lógica; ya que tanto en su caso como en el de Russell una afirmación contradictoria puede suponer una premisa que, a pesar de los pasos intermedios, siempre tiene una conclusión válida en su sistema de pensamiento. La doctrina de los Testigos de Jehová es un montón de medias verdades y de material seudo académico que a la mente poco instruida le parece una "revelación maravillosa".

Hace poco estaba hablando con un ferviente Testigo de Jehová, y de su boca salió sin vergüenza alguna la siguiente declaración: "Nunca he conocido a nadie que sepa más griego que la Sociedad." Con toda probabilidad aquello era cierto; porque de haber conocido a alguien que supiera griego nunca se habría convertido en un miembro de la secta. Que sepamos, la Torre del Vigía no cuenta con ningún experto en griego de renombre; y si los tiene, yo estaría encantado de que salieran de detrás de sus léxicos y explicasen su versión de Juan 1:1; 8:58 y Colosenses 2:9, por citar sólo algunos versículos. Esta invitación se extiende también a los eruditos en hebreo.

Otra característica de la Sociedad es su aversión, desde la muerte de Rutherford, a atribuir paternidad literaria individual a sus publicaciones. Todas ellas aparecen ahora como obras anónimas, editadas por la Torre del Vigía, la cual se reserva todos los derechos de autor. Al no comprometer a las personas a firmar, la Sociedad evita la desagradable tarea de tener que responder por sus numerosos disparates. La contestación estándar de los "testigos" es: "En los libros ha trabajado mucha gente; no sólo una persona en particular"; y cosas parecidas. En su delicada situación, sin tener eruditos reconocidos que los respalden, los Testigos de Jehová han escogido la conducta más prudente: guardar silencio. La pura verdad es que sus "nuevos" libros no son otra cosa que nuevas redacciones de obras de Russell y Rutherford, y no contienen nada original salvo una información actualizada sobre la situación del mundo y nuevos enfoques de un material antiguo.

Una de las características distintivas del Testigo de Jehová ferviente es la habilidad con que maneja las Escrituras. *El Diaglotón enfático* y la *Traducción interlinear del Reino de las Escrituras griegas* (The Kingdom Interlinear Translation of the Greek Scriptures), con sus lecturas interlineares del griego, facilitan su avance en este proyecto. Por triste que sea reconocerlo, cualquier buen Testigo de Jehová puede causar indecibles dificultades al cristiano promedio con la Biblia; aunque dichas dificultades tengan en la mayoría de los casos una solución elemental. El creyente se siente confundido por la manera locuaz en que los "testigos" repiten versículos bíblicos (por lo general enteramente fuera de contexto) y salpican sus discursos con términos gramaticales griegos o hebreos de los que no tienen conocimiento salvo por su *Diaglotón* y su *Interlinear del Reino*. El atrevimiento con que acorralan al desprevenido peatón, se imponen en la calma de una tarde de descanso, asisten a sus convenciones y difunden su literatura, es una señal de peligro a la que el cristianismo evangélico haría bien en prestar atención, y contra la cual debería tomar medidas.

Como ya hemos señalado, la respuesta a los Testigos de Jehová (o al "ruselismo" si lo prefiere) es la deidad de Jesucristo; y debemos emplear todas nuestras energías en enseñar esa doctrina fundamental de la fe cristiana. Todo pastor, supervisor de escuela dominical, sociedad bíblica o de tratados y maestro debe adiestrar a sus alumnos en la memorización bíblica y las verdades doctrinales, de modo que se pueda levantar rápidamente un frente unido contra esta amenaza cada vez mayor al correcto razonamiento en la exposición bíblica y el estudio. No se trata de un plan difícil, y sólo la morosidad obstaculiza su adopción. Este problema constituye también tarea de las universidades cristianas, de los seminarios y de las escuelas bíblicas, que durante demasiado tiempo han descuidado en sus programas de estudios las clases sobre sectas. El fruto de su descuido lo tenemos hoy día ante nosotros. ¿Debemos permanecer como espectadores pasivos mientras se difama la Palabra de Dios, se blasfema el señorío de Cristo, y un grupo de gente que no está dispuesta a escuchar las verdades bíblicas sinceras amenaza la fe de generaciones que todavía no han nacido? ¿Acaso no nos atreveremos a contestarles en un debate académico? Resulta desalentador y exasperante llevar a cabo una discusión con personas que arguyen en círculos y esquivan astutamente refutación tras refutación. Estas tácticas caracterizan la predicación y el debate de los Testigos de Jehová; y deben ser enfrentadas con actitud tranquila y exégesis veraz de la Escritura por parte del cristiano bien fundamentado. La información, mediante una evidencia documental y hechos objetivos, ha contestado y puede contestar a sus perversiones, y erguirse triunfante sobre ellas. Los cristianos debemos realizar esta tarea sin dilación; difícilmente podemos permitirnos esperar más tiempo.

El producto final de esta secta es la negación del Señor Jesucristo como "Dios verdadero"; y a pesar de sus afirmaciones de que honran a Cristo, lo que hacen en realidad es deshonrarlo y crucificarlo de nuevo, ya que niegan su deidad y señorío. No obstante sus nombres bíblicos y su destreza con las Escrituras, los Testigos de Jehová revelan constantemente su verdadero carácter por medio de sus acciones; las cuales son diametralmente opuestas a las enseñanzas de la Biblia. El antiguo refrán de que "el veneno es siempre veneno aunque cambies su etiqueta o lo metas en una botella de distinto color" es muy apropiado para describir las doctrinas de los Testigos de Jehová. "El que tiene oídos para oír, oiga". En la portada de *La Atalaya* se citan Isaías 35:15 y 43:12; y en todas sus publicaciones los ruselistas alardean de ser "Testigos de Jehová".

Sin embargo, no puede haber reino si falta el Rey; y el regreso de éste es visible, con poder y gloria. El Jehová de la Torre de la Vigía es un mito conjetural, una creación de la teología reaccionaria de Charles Taze Russell, y se ajusta al patrón de la mente y de la instrucción del "pastor"; mente e instrucción que han sido perpetuadas por Rutherford, Knorr y ahora por Franz para la ceguera cada vez mayor de las almas descarriadas que son lo bastante necias como para confiar en el engaño ruselista. En comparación con las Escrituras, este cuadro es de infinita oscuridad; ya que su autor es el "príncipe de las tinieblas". Y la Palabra de Dios revela clara e irrefutablemente que "el Jehová de la Torre del Vigía" no es el Jehová bíblico, puesto que éste es Señor de todos: "Nuestro gran Dios y Salvador Jesucristo" (Tito 2:13).

CAPITULO CUATRO

Términos escogidos y versículos mal usados por los Testigos de Jehová

Resultaría imposible repasar aquí todos los términos y versículos que los Testigos de Jehová han interpretado y mal usado para apoyar su resquebrajado sistema de teología; por tanto, he escogido estudiar seis de sus peores perversiones de términos bíblicos corrientes, y diversos textos que la Torre del Vigía ha podado y mutilado hasta dejar casi irreconocibles con poco o ningún respeto por los principios hermenéuticos, los contextos o las leyes de la buena exégesis.

Estos ejemplos de los engaños de la Sociedad de la Torre se encuentran catalogados con esmero en su manual de temas doctrinales, titulado *Esté seguro de todas las cosas —Make Sure of All Things* (Brooklyn: Watchtower Bible and Tract Society, 1953)—, sobre el que se basa principalmente este estudio; por si alguien estuviera interesado en comprobar su autenticidad.

Términos mal usados

1. "Unigénito" (en griego, *monogenés*). En su celo por establecer la cristología de Arrio de Alejandría, los Testigos de Jehová han echado mano a este término griego, que en el Nuevo Testamento se traduce por "unigénito", y por desgracia han tenido un éxito enorme en engañar a muchas personas mal informadas haciéndoles creer que "unigénito" significa en realidad "único engendrado". Desde esta perspectiva errónea, los "testigos" sugieren entonces que ya que el término se aplica a Jesucristo cinco veces en el Nuevo Testamento, Cristo es una criatura; o como dice el

Códice Alejandrino (que a ellos les encanta citar): "El unigénito Dios" (Juan 1:18).

A este respecto, debe señalarse que los léxicos y los libros de gramática más autorizados —por no mencionar las numerosas obras de expertos— traducen *monogenés* como "solo o único, 'él único miembro de una familia o especie, y por ende generalmente único' " (Liddell y Scott, *Greek-English Lexicon,* Vol. 2, p. 1144). Moulton y Milligan, en su *Vocabulary of the Greek New Testament* —Vocabulario del Nuevo Testamento Griego—, pp. 416 y 417, vierten *monogenés* como "uno de una especie, solo, único"; hechos que establecen más allá de toda duda escolástica la verdad del argumento de que, tanto en griego clásico como en *koiné*, el término *monogenés* tiene el sentido de "solo", "único", o "el único miembro de una especie particular". La Septuaginta utiliza también el término *monogenés* como equivalente del adjetivo hebreo *yachid*, que se traduce por "desamparado" o "solitario" (Salmo 68:6). Este interesante hecho revela que los traductores comprendieron que *monogenés* llevaba anejo un sentido de unicidad; y que el énfasis estaba puesto, obviamente, sobre "único", y no sobre *genus* o "especie".

En otros lugares del Nuevo Testamento, tales como Lucas 7:11–18; 8:42; 9:38; Hebreos 11:17, la traducción de "unigénito", con el sentido que los "testigos" tratan de darle en sus versiones y propaganda, resulta una imposibilidad exegética; especialmente en Hebreos 11:17, donde se llama a Isaac "el unigénito" hijo de Abraham. Ciertamente, Isaac no era el hijo mayor sino más bien el *solo o único* vástago precioso (en el sentido de que Abraham lo amaba de una forma única).

En su *Greek-English Lexicon of the New Testament*, p. 417, y refiriéndose a *monogenés*, el doctor Thayer afirma: "Unico de su especie; sólo . . .se dice de Cristo; indica el único Hijo de Dios". Por desgracia, en la literatura antigua *monogenés* llegó a relacionarse con el término latino *unigénitus*; sin embargo, tal traducción es básicamente incorrecta; como revelará de inmediato cualquier estudio lexicográfico.

Los padres de la Iglesia primitiva concordaban esencialmente en la preexistencia de Jesucristo desde la eternidad en una relación única con Dios Padre; y en el concilio de Nicea, año 325 d.C., se proclamó oficialmente que Jesús era de la misma sustancia o naturaleza que el Padre. Los que discreparon de este pronunciamiento que la iglesia siempre ha mantenido, fueron excomulgados. Entre ellos se encontraba Arrio de Alejandría, el instruido presbítero padre cristológico de los Testigos de Jehová. Arrio sostenía que Jesucristo era un ser creado —la primera y más grande creación de Dios Padre—, que no había existido desde toda eternidad, y que su único derecho a la divinidad procedía de haber sido creado en primer lugar y elevado luego al rango de una deidad.

Arrio sacó muchas de sus ideas de su maestro, Luciano de Antioquía, quien a su vez las obtuvo de Orígenes; quien había introducido el término "generación eterna": o sea, el concepto de que Dios desde la eternidad engendra una segunda persona como El mismo; de ahí el "Hijo eterno". Por supuesto, Arrio rechazó aquello como ilógico e irracional —y por cierto lo es—; así, tomando entre sus dientes la otra punta del dilema ¡redujo al Verbo eterno de Dios a la categoría de una simple criatura! Resulta significativo, sin embargo, que en los primeros escritos de los padres de la iglesia, desde el siglo I hasta el año 230, no se empleó nunca el término "generación eterna"; no obstante, ha sido este dogma, aceptado más tarde por la teología católica romana, el que ha alimentado la herejía arriana a lo largo de los siglos y el que hoy día sigue fomentando la cristología de los Testigos de Jehová.

En el año 328 d.C., en su credo privado, Arrio —cosa curiosa— aplica el término *gegenneménon* a Cristo; en vez de *monogenés* o *gínomai. Gegenneménon* es un derivado de la palabra *gennáo*, que se traduce por "engendrado", y así debe ser. Además, Eusebio de Cesarea, un seguidor de Arrio, utilizaba también *gegennémenon* en vez de *monogenés* allá por el año 325; un hecho que interfiere gramaticalmente en las maquinaciones semánticas de la Torre del Vigía.

Puede verse, por tanto, que un estudio del término *monogenés* revela que éste se interpreta, ya sea en el vocabulario clásico o en *koiné*, como una palabra que subraya la unicidad —es decir, el "único", el "amado"—; y que no hay ninguna buena base gramatical para insistir, como hacen los Testigos de Jehová, en que *debe* significar el "único engendrado", o sea el "único creado".

Referente a las cinco veces que en el Nuevo Testamento el término *monogenés* se aplica a Jesucristo (Juan 1:14, 18; 3:16, 18; 1 Juan 4:9), el lector interesado puede ver fácilmente que la traducción adecuada de "solo" o "único", manteniendo el uso histórico del término, no perturba para nada el contexto, sino que lo hace más claro cristológicamente hablando, al eliminar el concepto fomentado por los arrianos y continuado por los Testigos de Jehová de que "unigénito" debe suponer creación; ¡lo cual, con toda certeza, no supone!

Como mencionamos anteriormente, la doctrina de la generación eterna respecto a la preexistencia del Señor Jesucristo es una de las grandes piedras de tropiezo para cualquier enfoque inteligente de los problemas cristológicos del Nuevo Testamento. Siendo cierto este hecho, los autores creen más prudente volver al idioma original de la Escritura en su descripción del Señor Jesús y de su existencia preencarnada; allí jamás se hace referencia a El, salvo proféticamente, como el "Hijo eterno", sino como el Verbo de Dios (Juan 1:1), quien "era" desde toda eternidad, y quien "fue hecho" carne (Juan 1:14), tomando sobre sí la naturaleza de hombre, y como tal fue "engendrado" de la virgen María por el poder del Espíritu Santo. Por tanto, el "único", "solo", Hijo de Dios, cuya unicidad procede del hecho de que de todos los hombres El era el más precioso a los ojos del Padre, amado sobre todos sus hermanos —tanto que el Padre pudo decir de El al enviarlo al mundo: "Mi Hijo eres tú, yo te he engendrado hoy" (Hebreos 1:5)—, no es una criatura o un semidiós, sino "Dios sobre todas las cosas, bendito por los siglos. Amén" (Romanos 9:5).

De modo que la Biblia enseña claramente que Jesucristo, antes de su encarnación era el Verbo, la Sabiduría, el *Logos* de Dios, existente desde toda eternidad, igual al Padre, coeterno y coexistente con El, cuya naturaleza divina intrínseca compartía, y quien, vestido con la forma humana, jamás dejó de ser Dios: "Dios fue manifestado en carne" (1 Timoteo 3:16); o como tan directamente lo expresó Pablo: "En él habita corporalmente toda la plenitud de la Deidad" (Colosenses 2:9).

Insistiendo en el título correcto del Cristo preexistente, el cristianismo ortodoxo puede socavar con éxito el énfasis que los Testigos de Jehová ponen sobre *monogenés*, y demostrar como contraste que "unigénito" es un término temporal que no puede tener significado más allá de la esfera que el hombre conoce como experiencia registrada; y además que la Escritura no llama a Cristo el "Hijo eterno" —error transmitido desde Orígenes bajo el título de "generación eterna"—, sino que más bien Jesús es la Palabra viva de Dios (Hebreos 4:12), el Creador del universo (2 Pedro 3:5), el Sustentador de todas las cosas (2 Pedro 3:7), el Primogénito de los muertos (Hechos 13:33), y nuestro "gran sumo sacerdote que traspasó los cielos, Jesús el Hijo de Dios. . . no. . . que no pueda compadecerse de nuestras debilidades, sino. . . que fue tentado en todo según nuestra semejanza, pero sin pecado" (Hebreos 4:14, 15). Por tanto, fijemos estas cosas en nuestra mente:

(a) La doctrina de la "generación eterna", o de Cristo como Hijo de Dios desde la eternidad, que proviene de la doctrina católica romana primeramente concebida por Orígenes en el 230 d.C., es una teoría que abrió la puerta, teológicamente hablando, a las herejías arriana y sabeliana; hoy todavía azotan a la iglesia cristiana en el campo de la cristología.

(b) La Escritura no llama a Jesucristo en ningún lugar el Hijo eterno de Dios, ni se hace referencia a El en absoluto como Hijo antes de la encarnación; excepto en ciertos pasajes proféticos del Antiguo Testamento.

(c) El término "Hijo" en sí es un término funcional, igual que "Padre", y no tiene ningún significado fuera del tiempo. Dicho sea de paso, la palabra "Padre" jamás va acompañada en la Escritura del calificativo "eterno"; de hecho sólo al Espíritu se le llama eterno.[22] ("el Espíritu eterno", Hebreos 9:14); subrayándose así que los términos "Padre" e "Hijo" son meramente funcionales como ya hemos señalado.

(d) Muchas herejías se han apresurado a aceptar la confusión creada por el ilógico concepto de Cristo como Hijo eterno, o de la teoría católica romana de la "generación eterna", trasladada por desgracia en ciertos aspectos a la teología protestante.

(e) Por último diremos que no puede haber nada parecido al concepto de "Cristo como Hijo eterno"; ya que existe una lógica contradicción de términos: la palabra "Hijo" implica la idea de tiempo, y una participación de la creatividad. La Escritura nos dice, sin embargo, que como el *Logos* Cristo no tiene principio ni fin: "En el principio *era* el Verbo", ¡*no* el Hijo!

El Señor Jesucristo, verdadero Dios y verdadero hombre, es ahora, y por toda eternidad Hijo de Dios e Hijo del Hombre; por tanto, en ese sentido es el Hijo eterno. Pero para ser bíblicos en el significado verdadero del término, debemos estar dispuestos a admitir que antes de su encarnación era conocido como el Verbo eterno; y el conocimiento de este hecho asesta un golpe duro a los cimientos mismos del sistema arriano de teología adoptado por los Testigos de Jehová. Ya que si "unigénito" quiere decir "único", o "solo de su especie", no puede haber base alguna para traducirlo como el "único engendrado", como tratan de hacer a menudo los "testigos" para despojar a Cristo de su deidad.

De modo que si relegamos los términos "Padre" e "Hijo" a la esfera del tiempo como medios funcionales de transmitir la misteriosa relación que existía desde la eternidad entre Dios y su Verbo, estaremos sondeando más profundamente la verdad de la Escritura; que parece enseñarnos que Dios llama a Cristo su Verbo eterno, para que no olvidemos nunca su intrínseca deidad (porque jamás hubo un momento en el que Dios tuviera ningún pensamiento aparte de su *Logos* o Razón). Además de ello, Dios llama a Cristo su "Hijo", para que no pensemos que el Verbo sea una fuerza impersonal o un atributo en vez de considerarlo como una entidad substantiva que existía en un tipo de relación sujeto-objeto: el Dios eterno "que es el Salvador de todos los hombres, mayormente de los que creen".

En resumen: Ya que la palabra "Hijo" sugiere sin duda alguna inferioridad y descendencia, resulta absolutamente esencial poner a Cristo de relieve como Verbo eterno a modo de antídoto contra la herejía arriana de los Testigos de Jehová; y bajo ese ángulo podemos comprender con bastante claridad los usos del término *monogenés*, no en el sentido que le dan los "testigos" de criatura, sino en su verdadero significado bíblico de "unicidad"; es decir, "el solo o único Hijo de Dios", engendrado en la matriz de una mujer por la actuación directa del Espíritu Santo; "Dios manifestado en carne"; "nuestro gran Dios y Salvador Jesucristo" (Tito 2:13).

2. "Mayor" (en griego, *meízon*). Otro término importante utilizado por los Testigos de Jehová es "mayor", traducido del griego *meízon* —como aparece en el Evangelio de Juan, capítulo 14, ver-

sículo 28—: "Habéis oído que yo os he dicho: Voy, y vengo a vosotros. Si me amarais, os habríais regocijado, porque he dicho que voy al Padre; porque el Padre mayor es que yo". Con este texto en particular, convenientemente sacado de su contexto por los siempre celosos ruselistas, la Torre del Vigía intenta "demostrar" que ya que mientras estaba en la tierra Jesús afirmó con sus propias palabras que su Padre era "mayor" que El, El no podía ser igual a Dios ni uno de los miembros de la Trinidad, lo que con tanta vehemencia niegan los Testigos de Jehová.

A primera vista, este parece ser un buen argumento basado en el uso que hizo Cristo de la palabra "mayor"; pero un examen más minucioso del contexto y de los principios hermenéuticos que gobiernan todo buen estudio exegético del Nuevo Testamento, revelan que la tesis de los "testigos" es verdaderamente superficial y descansa de un modo bastante inestable sobre una sola palabra griega en un contexto muy restringido.

La refutación de este engaño semántico de la Torre del Vigía la obtenemos en Hebreos 1:4: "Hecho tanto *superior* a los ángeles, cuanto heredó más excelente nombre que ellos".

El estudiante cuidadoso de la Escritura reconocerá de inmediato que en el capítulo de Hebreos, en el versículo citado anteriormente, se utiliza una palabra enteramente distinta al comparar a Cristo con los ángeles; esta palabra es *kreitton*, que la Reina-Valera, revisión de 1960, traduce por "superior". Poniendo juntas estas dos comparaciones —la de Jesús con su Padre en Juan 14:28, y con los ángeles en Hebreos 1:4—, enseguida llama nuestra atención un hecho asombroso. En la primera de esas citas, como Hijo del Hombre que se había despojado de todas sus prerrogativas divinas (Filipenses 2:8–11) y adoptado la forma de siervo, el Señor Jesucristo podía decir con verdad: "El Padre mayor es que yo", al ser "mayor" un término *cuatitativo* que describe una *posición*. Ciertamente, en ningún sentido del contexto podría interpretarse como una comparación de naturaleza o cualidad.

En el capítulo uno de Hebreos, sin embargo, la comparación que se hace entre el Señor Jesucristo y los ángeles es claramente de naturaleza —ya que el término griego *kreitton* describe la cualidad—; luego Cristo era *cualitativamente* superior a los ángeles por ser su Creador (Colosenses 1:16, 17), y como tal existía antes de todas las cosas y todas las cosas en El subsisten (Colosenses 1:17-19). Ya que su naturaleza intrínseca es la divina (Juan 8:58, cf. Colosenses 2:9), El era, *cualitativamente*, Dios manifestado en carne; mientras que en lo *cuantitativo* estaba limitado como hombre y podía afirmar con toda verdad: "El Padre mayor es que yo". Una vez que se comprendan claramente la comparación de posición en Juan 14:28, y la de naturaleza en Hebreos 1, el argumento que los Testigos de Jehová intentan presentar con el fin de despojar a Cristo de su deidad queda reducido a escombros ante una de las verdades más grandiosas reveladas en la Escritura, o sea, que "Dios que hizo el mundo y todas las cosas que en él hay" nos amó tanto que apareció en forma humana (Juan 1:1, 14) para que los hijos de los hombres pudieran, merced a su gracia infinita, llegar a ser con el tiempo hijos de Dios.

Debemos, sin embargo, estar prestos a reconocer que si el Señor Jesús, en Juan 14:28, hubiera dicho que su Padre era *superior* a El y utilizado el término griego apropiado para indicar este tipo de comparación, ello implicaría otro asunto; pero en realidad, la comparación entre Cristo y su Padre en ese contexto y versículo indica claramente que Jesús estaba hablando como hombre y no como segunda persona de la Trinidad (Juan 1:1). Por tanto, es perfectamente comprensible que Cristo se humillara delante de su Padre y declarase que en la forma en que se encontraba entonces, su Padre era ciertamente "mayor que El" en cuanto a posición. Uno podría estar dispuesto a admitir que el presidente de alguna nación, por ejemplo, es un hombre *mayor* en virtud de su cargo, autoridad y reconocimiento presentes; pero otro asunto muy distinto sería aceptar la tesis de que dicho presidente fuera un hombre *superior* a sus conciudadanos en el aspecto de la *cualidad*, ya que tal comparación requeriría una discusión de las naturalezas y los atributos fundamentales. De igual manera, entonces, Jesús, como Hijo de Dios encarnado, que se había despojado voluntariamente de sus prerrogativas de deidad intrínseca, podía decir que su Padre era *posicionalmente* mayor que él sin violar en ningún sentido su verdadera deidad y humanidad.

Hebreos capítulo 1 versículo 4 señala con claridad que Cristo es superior a los ángeles *cualitativamente* hablando, desde la eternidad, y que incluso mientras andaba sobre la tierra, aunque fue hecho menor que ellos en *posición* a causa del sufrimiento de la muerte que experimentó en forma humana, nunca, ni por un instante, dejó de ser el Señor de la gloria, quien podía decir con toda confianza: "Antes que Abraham fuese, YO SOY" (Juan 8:58 mayúsculas del autor).

Siempre que hablemos de la naturaleza de Cristo con los Testigos de Jehová, tengamos presentes estos hechos; ya que una vez que se distingue entre "mayor" y "superior", todo su argumento basado en Juan 14:28 se deshace, y la deidad de nuestro Señor queda plenamente vindicada por el testimonio completo de la Escritura.

3. "Nacido de nuevo". Muchas veces, en sus encuentros con cristianos, los Testigos de Jehová utilizan la terminología evangélica de Juan 3: "El que no naciere de nuevo, no puede ver el reino de Dios." Los "testigos" utilizan este término porque están conscientes de que se ha hecho popular debido a los esfuerzos evangelísticos contemporáneos —especialmente a los del doctor Billy Graham—, y la Sociedad de la Torre siempre está dispuesta a aprovechar cualquier palabra bíblica divulgada; ¡sobre todo si se puede torcer para que sirva a sus propios fines! La definición que los Testigos de Jehová hacen del nuevo nacimiento o del acto de "nacer de nuevo" se encuentra en la página 48 de su libro de texto *Make Sure of All Things*, y es la siguiente: "Nacer de nuevo significa adquirir una comprensión totalmente nueva de las perspectivas y esperanzas que hay para la vida del espíritu por la resurrección al cielo; comprensión que se obtiene mediante el agua de la verdad de Dios en la Biblia y su espíritu santo o fuerza activa."

Por esta definición, el estudiante interesado puede ver claramente que los Testigos de Jehová rechazan de plano el concepto del nuevo nacimiento como se enseña en la Biblia. El Nuevo Testamento explica que nacemos de nuevo mediante arrepentimiento, lavamiento del agua por la Palabra, y actuación directa de la tercera Persona de la Trinidad: Dios Espíritu Santo (Juan 3, Efesios 5:26, 1 Pedro 1:23). No se puede citar ningún versículo ni del Antiguo ni del Nuevo Testamentos que demuestre que ese nuevo nacimiento significa "una comprensión totalmente nueva de las perspectivas y esperanzas que hay para la vida del espíritu por la resurrección al cielo", como interpretan los Testigos de Jehová.

Por el contrario, el nuevo nacimiento garantiza la vida eterna para *todos* los creyentes, la entrada en el reino de los cielos, y una resurrección para siempre en forma inmortal e incorruptible semejante a aquella con que resucitó el Señor Jesucristo de entre los muertos.

La teología de los Testigos de Jehová referente al nuevo nacimiento es que sólo habrá 144.000 "hermanos espirituales" que reinarán con Cristo en el cielo durante mil años; y además que únicamente esos 144.000 tendrán una resurrección al cielo y una "vida del espíritu" como la que ahora gozan supuestamente el "pastor" Charles Taze Russell y el juez J. F. Rutherford, quienes llevan adelante el trabajo de la Sociedad "dentro del velo", según la enseñanza de la Torre del Vigía.

En contraste directo con esto, el Señor Jesucristo hizo una declaración universal al afirmar que "el que no naciere de nuevo, no puede ver el reino de Dios"; y no encontramos ningún testimonio escrito de que Cristo, los discípulos, o los apóstoles promulgasen nunca la idea tan celosamente adoptada por la Torre del Vigía de los 144.000 "hermanos espirituales". En opinión del autor, una doctrina de tan trascendental importancia hubiera sido seguramente definida con gran cuidado en el Nuevo Testamento; sin embargo, no lo fue, y el único apoyo que los Testigos de Jehová pueden reunir para esa fantástica interpretación ruselista proviene del libro del Apocalipsis y del número místico de los "144.000"; que dicho sea de paso, la Biblia enseña que se refiere a las doce tribus de Israel —doce mil de cada uno de ellas— y por tanto *no* a los miembros de la teocracia de la Torre del Vigía, desde luego.

De manera que los cristianos deben estar continuamente en guardia contra la perversión que hace la Torre del Vigía de términos bíblicos corrientes sacados de fuentes evangélicas; ya que en el 90% de los casos que el autor ha analizado, los "testigos" "quieren decir" casi exactamente lo contrario de lo que *parecen* estar diciendo. Pedro nos explica que el nuevo nacimiento es un acontecimiento *pasado* en la vida de los que han conocido el poder regenerador del Espíritu de Dios (en griego, "renacidos", 1 Pedro 1:23); no supone algo que haya que estar experimentando constantemente o deba esperarse con expectación en algún tipo de resurrección espiritual etérea como los Testigos de Jehová quisieran hacernos creer. Más bien el haber renacido y ser nuevas criaturas en Cristo (2 Corintios 5:17), coherederos de la gloria del reino que aún ha de revelarse, es un hecho en el que debemos regocijarnos.

La Sociedad Bíblica y de Tratados de la Torre del Vigía tiene muy indiscutiblemente su "nuevo nacimiento"; pero no es el de la Escritura, ni su teoría se enseña en ningún lugar de la Biblia. En vez de eso, es el invento teológico de Charles Taze Russell, al que los "testigos" se aferran con tanta tenacidad, y que al final se comprobará que ha tenido su origen en "el dios de este siglo", quien ha cegado sus ojos "para que no les resplandezca la luz del evangelio de la gloria de Cristo, el cual es la imagen de Dios".

4. "Muerte". Los Testigos de Jehová adoptan, junto con otros sistemas teológicos desviados, un concepto peculiar y claramente antibíblico de la muerte, tanto en relación con el cuerpo físico como con el alma y el espíritu del hombre.

Según la publicación de la Torre del Vigía *Make Sure of All Things*, p. 86, la muerte se define de la siguiente manera: "Muerte, pérdida de la vida; terminación de la existencia; cese completo de la actividad consciente intelectual o física, celestial, humana o de otro tipo".

Volviendo a su característica fundamental de escamotear textos y cambiar términos, los Testigos de Jehová reúnen un puñado de versículos del Antiguo y Nuevo Testamentos que se refieren a la muerte como "sueño" o "inconsciencia", y con esas citas fuera de contexto tratan de demostrar que en la muerte física, el hombre, como los animales, deja de existir hasta la resurrección.

Apresurándose a adoptar textos tales como Eclesiastés 9:5, 6 y 10; Salmo 13:3; Daniel 12:2, los Testigos de Jehová afirman estrepitosamente que hasta la resurrección los muertos permanecen inconscientes e inactivos en la tumba; suprimiendo así de un solo golpe contundente la doctrina del infierno y la verdadera enseñanza bíblica acerca del alma del hombre.

A pesar de que en el Antiguo Testamento se utiliza el término "sueño" para indicar muerte, ni una sola vez se emplea con relación a la naturaleza inmaterial del hombre; que según las Escrituras fue creada a imagen de Dios (Génesis 1:26, 27). Y lo mismo pasa con el Nuevo Testamento, como demostrará cualquier estudio somero de las concordancias. El término "sueño" siempre se aplica al cuerpo, ya que en la muerte éste adopta el aspecto de uno que está durmiendo; sin embargo, la expresión "sueño del alma" o "el sueño del alma" jamás aparece en la Escritura, y en ningún lugar afirma la Biblia que el alma duerma alguna vez o pase a un estado inconsciente. La única forma en que los Testigos de Jehová pueden deducir dicha doctrina, es dando por sentado de antemano que la muerte *significa* sueño o inconsciencia; por tanto, cada vez que se ven confrontados con el término "muerte", le asignan el sentido de extinción temporal de la conciencia, y al hacerlo eliminan de la Escritura la doctrina que más temen y odian: el castigo consciente después de la muerte, que se extiende por los siglos de los siglos, para las almas no regeneradas (Judas 10–13; 2 Pedro 2:17).

Puesto que ya hemos estudiado la doctrina del infierno en una sección anterior, la más simple refutación de la perversión que hacen los "testigos" de términos tales como "muerte" puede encontrarse en las mismas Escrituras; donde es posible demostrar que el mismo no significa "terminación de la existencia; cese completo de la actividad consciente intelectual. . ." como la Torre del Vigía intenta desesperadamente establecer.

Referimos al lector interesado a las siguientes citas: Efesios 2:1–5; Juan 11:26; Filipenses 1:21, 23; y Romanos 8:10. El uso de "muerte" en estos pasajes indica sin lugar a dudas un estado de existencia enteramente opuesto a la definición que la Torre del Vigía hace de esa palabra; de modo que el lector no tiene más que sustituir la definición de los "testigos" en cada uno de los pasajes previamente enumerados, para ver lo completamente absurdo que es creer que el cuerpo ha experimentado la "pérdida de la vida" o la "terminación de la existencia" en un contexto como aquel en el que Pablo escribe: "Si Cristo está en vosotros, el cuerpo en verdad está muerto a causa del pecado" (Romanos 8:10). El inspirado apóstol se está refiriendo aquí obviamente a una condición espiritual de separación, y desde luego no a "una terminación de la existencia", como asevera la definición de la Torre del Vigía.

Vemos, por tanto, que la muerte es una separación del alma y el espíritu *del* cuerpo, que da como resultado la inactividad física y generalmente un *aspecto* de sueño. Sin embargo, en el sentido espiritual "muerte" significa separación del alma y el espíritu de Dios como consecuencia del pecado; y en ningún sentido puede traducirse honradamente el término como "inconsciencia" o "terminación de la existencia", como quisieran los Testigos de Jehová.

En el capítulo cuatro de su Primera Epístola a los Tesalonicenses, el apóstol Pablo habla del regreso del Señor Jesucristo, y emplea el término "sueño" como metáfora de la muerte de lo más significativo (1 Tesalonicenses 4:13–18). Resulta interesante observar su concepto:

> Tampoco queremos, hermanos, que ignoréis acerca de los que duermen, para que no os entristezcáis como los otros que no tienen esperanza. Porque si creemos que Jesús murió y resucitó, así también traerá Dios *con* Jesús a los que durmieron en él. Por lo cual os decimos esto en palabra del Señor: que nosotros que vivimos, que habremos quedado hasta la venida del Señor, no precederemos a los que durmieron. Porque el Señor mismo con voz de mando, con voz de arcángel, y con trompeta de Dios, descenderá del cielo; y los muertos en Cristo resucitarán primero. Luego nosotros los que vivimos, los que hayamos quedado, seremos arrebatados juntamente con ellos en las nubes para recibir al Señor en el aire, y así estaremos siempre con el Señor. Por tanto, alentaos los unos a los otros con estas palabras.

El versículo 14 de esta sección previamente citada, indica que Pablo, aunque utiliza la metáfora del "sueño" para describir la muerte física, comprendía claramente que cuando Jesús vuelva traerá *con* (en griego *sun*) él a aquellos cuyos cuerpos estén durmiendo. Para ser más explícito: las almas y los espíritus de los que están con Cristo ahora en la gloria (2 Corintios 5:8; Filipenses 1:22, 23) serán reunidos con sus cuerpos resucitados (1 Corintios 15); es decir, que se vestirán de inmortalidad, incorruptibilidad, liberación del deterioro físico, y vendrán *con* Jesús. El término griego *sun* indica una posición codo con codo; y los cuerpos que duermen, en un instante serán avivados, resucitados a inmortalidad, y reunidos con los espíritus perfeccionados de los santos que vuelven.

Sólo este pasaje sería bastante para convencer a cualquier experto en exégesis de que los que "durmieron en él" debe referirse a sus *cuerpos*; ya que en el mismo versículo se dice que ellos vendrán *con* Jesús, y ningún esfuerzo posible de imaginación podría hacer que una exégesis honrada de este pasaje enseñe lo contrario.

Los Testigos de Jehová temen, con razón, al "fuego eterno" preparado para el diablo y sus seguidores (Mateo 25:41), y todo su sistema teológico tiene como meta contradecir esta importante enseñanza bíblica de la ira eterna de Dios sobre los que cometen la infinita transgresión de negar a su Hijo amado. Por tanto, bien dice la Biblia: "La ira de Dios está sobre él [ellos]" (Juan 3:36; cf. Apocalipsis 20:10; Marcos 9:43, 48; Daniel 12:2).

De modo que para el cristiano la muerte sólo implica sueño del cuerpo hasta la resurrección a inmortalidad; cuando nuestros cuerpos resucitados sean reunidos con nuestras almas y nuestros espíritus perfectos. Pero en el estado intermedio, en caso de que muramos antes de la venida del Señor, tenemos la seguridad de que estaremos *con él* y volveremos también *con él*; o como lo expresó el apóstol: "Estar ausentes del cuerpo. . . [es estar en casa, o] presentes al Señor" (2 Corintios 5:8).

5. "Primogénito" (en griego, *protótokos*). El autor cree necesario incluir aquí un breve compendio del mal uso que los Testigos de Jehová hacen de la palabra griega *protótokos* (Colosenses 1:15), sobre la cual la Torre del Vigía pone mucho énfasis debido a que se emplea para describir al Señor Jesucristo: de modo que en su teología arriana se traduce de tal manera que enseñe que Cristo es la primera criatura, puesto que el término "primogénito" se refiere al *primer* hijo.

En Colosenses 1, el apóstol Pablo habla del Señor Jesucristo como del primogénito de todas las criaturas, o de toda creación; y los Testigos de Jehová, siempre ansiosos por reducir a Cristo a la categoría de ángel, se han apresurado a adoptar estos pasajes de la Escritura como indicadores de su naturaleza creada. La Torre del Vigía enseña que ya que a Jesús se le llama "el primogénito de toda creación", debe ser el *primer* creado; y hacen una referencia recíproca entre este versículo y Apocalipsis 3:14, que afirma que el testigo fiel y verdadero (Cristo) es "el principio de la creación de Dios".

En la superficie, el argumento que levanta la Torre del Vigía parece bastante sólido; pero al profundizar resulta somero y fraudulento. El término "primogénito" (*protótokos*) puede también traducirse correctamente por "el primer engendrador" o el "engendrador original" (Erasmo), un término de preeminencia, y en Colosenses 1 es una palabra de comparación entre Cristo y las *cosas* creadas. En el primer capítulo de Colosenses, Pablo señala que Cristo es "antes de todas las cosas" y establece claramente el hecho de que el Verbo eterno de Dios (Juan 1:1) existía antes de toda creación (Hebreos 1), que es preeminente sobre toda criatura, en virtud de su deidad, y además que es el Creador de todas las "cosas"; lo que indica para cualquier persona razonable que, ya que es Creador de todo, él mismo no es una de las "cosas" creadas. En Romanos 8:29, la palabra "primogénito" se aplica a Jesús indicando claramente su preeminencia, y no el concepto de que sea "la primera criatura hecha por Jehová Dios" como los Testigos de Jehová quisieran hacernos creer; y en Colosenses 1:18 se nos dice que Cristo es "el primogénito de los muertos", es decir, el que tiene la preeminencia, o el derecho a gobernar, sobre la muerte. Aquí, nuevamente, el sentido es de supremacía, no de creación.

"El principio de la creación de Dios", de Apocalipsis 3:14, se armoniza fácilmente con el resto de la Escritura, que enseña la deidad absoluta del Señor Jesucristo, cuando comprendemos que la palabra griega *arkhé*, traducida por "principio", es vertida por los mismos Testigos de Jehová como "originalmente" en su *Traducción del Nuevo Mundo de las Escrituras griegas cristianas*, al trasladar Juan 1:1; lo cual es una buena traducción en este aspecto. De manera que aplicando esto mismo a Apocalipsis 3:14, Cristo se convierte en el "origen" o la "fuente" de la creación de Dios (Knox), y no representa el comienzo mismo de ella en el sentido de que él sea la *primera* criatura algo que la Escritura contradice del modo más inequívoco.

Cristo es por tanto el "primogénito" —o el preeminente— en virtud de su deidad, y de ser el primero en resucitar con un cuerpo glorificado. El es preeminente sobre toda creación, y por su poder sustenta todas las cosas; no se trata de una de esas "cosas" (Colosenses 1:16, 17), sino del Creador de *todas las cosas*: el Verbo eterno que posee la misma naturaleza de Dios (Hebreos 1:3).

6. "Alma y espíritu" (en griego *psykhé* y *pneuma*). Los Testigos de Jehová se deleitan en la afirmación de que el hombre no posee una naturaleza inmaterial e inmortal, y jamás se cansan de proclamar que tal enseñanza es una "mentira del diablo" y un dogma

procedente de religiones paganas (egipcia, babilonia, griega, etc.).
La literatura de los "testigos" está llena de condenas a la doctrina
de la naturaleza inmaterial del hombre; y según la Torre del Vigía,
el alma es "una criatura —animal o ser humano— que vive, res-
pira y tiene conciencia", y el espíritu "una fuerza vital, o algo
semejante al viento" (*Make Sure of All Things*, p. 357).

Al definir así estos dos términos bíblicos, la Torre del Vigía
trata de evitar la embarazosa verdad bíblica de que ya que el
hombre está creado a la imagen de Dios, y Dios es Espíritu, él (el
hombre) debe poseer una entidad espiritual conocedora y formada
a la imagen de su Creador (Génesis 1:26, 27). Refutar esta mito-
logía de la Sociedad de la Torre es una tarea elemental cuando
comprendemos que al morir en la cruz el Señor Jesucristo dijo:
"Padre, en tus manos encomiendo mi espíritu"; algo que los Testigos de Jehová no pueden explicar fácilmente. Ya que si el espíritu no es nada más que aliento o viento, y no una entidad consciente como la Biblia enseña, sería vano que Cristo encomendase
su espíritu al Padre. ¡Sin embargo eso fue precisamente lo que
hizo! La verdad es que el Señor Jesucristo confió a su Padre la
naturaleza inmaterial humana que poseía, demostrando de forma
concluyente que el espíritu y el alma del hombre pasan a la eternidad como una entidad consciente (Gálatas 6:8).

También se recordará que cuando apedrearon a Esteban, éste
durmió el sueño de la muerte; pero no sin antes decir: "Señor
Jesús, recibe mi espíritu". En este contexto particular resulta bastante obvio que Esteban no se refería a la exhalación de dióxido
de carbono de sus pulmones. De cualquier manera, podemos decir
sin temor a equivocarnos que los significados que los Testigos de
Jehová dan al alma y al espíritu no soportarían la prueba de una
exégesis sistemática ni en el Antiguo ni en el Nuevo Testamentos,
y que ningún experto competente en griego o hebreo de hoy día
ha apoyado jamás la causa de la Torre del Vigía en un debate
académico abierto.

Conclusión

Al finalizar esta sinopsis del mal uso y de las malas interpretaciones que los Testigos de Jehová hacen de los términos y textos bíblicos, el autor se siente constreñido a expresar que de ninguna manera ha cubierto este extenso tema.

Los "testigos" prosperan con la confusión que son capaces de crear, y en su venta ambulante casa por casa acentúan este rasgo, debido a la extrema renuencia que demuestran a identificarse como emisario de la Torre del Vigía hasta que han establecido una relación favorable con el posible converso. Para decirlo en lenguaje corriente: se cuidan de ocultar su identidad hasta que "han hecho la oferta". A fin de ilustrar mejor este punto particular, el *New Yorker Magazine* (Revista de Nueva York), en su número del 16 de junio de 1956, traía un extenso artículo escrito por uno de sus redactores principales, Richard Harris, en el que éste contaba sus experiencias con los Testigos de Jehová. En dicho artículo, el señor Harris relataba que ellos jamás se identificaban de entrada a los posibles conversos como testigos de Jehová, cuando en una ocasión los acompañó a hacer sus recorridos diarios por Brooklyn. También señalaba Richard Harris que los "testigos" admitieron abiertamente ante él que les resultaba necesario hacer primero un buen contacto antes de identificarse plenamente. En resumen: que los Testigos de Jehová tal vez están orgullosos de ser la única gente que representa a "Jehová Dios"; pero ello no impide el descuido en cuanto a decir a los posibles conversos su verdadera afiliación si esto ayuda a su causa.

Si el cristianismo evangélico sigue prácticamente ignorando las actividades de los Testigos de Jehová, estará poniendo en peligro a un sinnúmero de almas; por tanto, despertémonos a sus perversiones de la Escritura y estemos firmes en la defensa de "la fe que ha sido una vez dada a los santos".

Nota del autor

En ningún sitio se demuestra más convincentemente este punto, que en un libro escrito por el antiguo miembro de la Sociedad de la Torre W. J. Schnell (*Thirty Years a Watchtower Slave* —*Treinta años como esclavo en la Torre del Vigía*—, Grand Rapids: Baker Book House, 1956). En esta referencia particular, Schnell enunciaba de manera concisa la metodología de los "testigos" con las siguientes palabras:

> Los líderes de la Torre del Vigía intuían que la cristiandad contaba con millones de personas que, profesando ser cristianas, no estaban bien fundadas en "las verdades una vez dadas a los santos", y que con bastante facilidad serían arrebatadas a las iglesias y guiadas a una nueva y revitalizada organización de la Torre. La Sociedad calculaba, y con razón, que esa falta de conocimiento adecuado de Dios y la amplia aceptación de medias verdades en la cristiandad, entregarían grandes masas de hombres y mujeres si se atacaba la cuestión con sabiduría, se mantenía dicho ataque, y se retenían los resultados para usarse luego en un círculo cada vez mayor" (p. 19).

140

Notas

1. *Some Facts and More Facts About the Self-Styled Pastor —Charles T. Russell*, segundo folleto del señor Ross.
2. *Ibid., p. 18*
3. *Ibid., p. 17.*
4. *Sin embargo, ninguna de las partes obtuvo un mandato absoluto.*
5. *Enfasis del autor.*
6. *J. F. Rutherford, Deliverance* (Brooklyn: Watchtower Bible and Tract Society, 1926), p. 91.
7. *Religion*, pp. 88, 104, 133, 137, 140, 141.
8. *Awake*, 8 de mayo de 1951, p. 26.
9. Los Testigos de Jehová todavía la mantienen y la enseñan como dogma.
10. En años recientes los Testigos de Jehová se han visto obligados a reconocer abiertamente a Russell debido al efecto de mi libro *Jehovah of the Watchtower* (El Jehová de la Torre del Vigía), que contaba la verdadera historia de las actividades infames de Russell, y necesitaba por tanto una respuesta de los "testigos"; aunque fuera muy poco fiable en muchos aspectos y altamente desfigurada. La serie histórica apareció en *La Atalaya* durante algunos meses con el título de "Una historia moderna de los Testigos de Jehová"; se trataba de una apología muy floja. Aún más tarde se publicó otra historia, *Los Testigos de Jehová en el propósito divino*, que también alababa grandemente a Russell.
11. Walter Martin, *Jehovah of the Watchtower* (Minneapolis, MN: Bethany House Publishers, 1975, cap. 1).

12. Todos los énfasis y corchetes de esta página son del autor.
13. Corchetes del autor.
14. Los Testigos de Jehová se deleitan en señalar que la palabra "Trinidad" no aparece en la Biblia como tal; y además afirman que ya que no forma parte de la Escritura, debe ser de origen pagano y habría que desecharla por completo. Lo que no entienden los "testigos", sin embargo, es que el mismo término Jehová, que ellos sostienen es el único nombre verdadero de Dios, tampoco aparece escrito así en la Biblia; sino que es una interpolación de las consonantes hebreas JHVH, y cualesquiera vocales que se añadan a ellas son arbitrarias. De modo que aun el nombre que se dan a sí mismos es tan poco bíblico como lo es para ellos la palabra Trinidad.
15. Nombre dado originalmente por Russell al movimiento en 1886.
16. El énfasis es del autor.
17. Estudiantes Internacionales de la Biblia es otro nombre de los ruselistas.
18. *Traducción del Nuevo Mundo de las Santas Escrituras* (Brooklyn: Watchtower Bible and Tract Society, 1985).
19. Los corchetes forman parte del texto en la TNM.
20. Los Testigos de Jehová señalan que la *New English Bible* (Nueva Versión Inglesa de la Biblia) traduce "un dios", para probar la validez de su versión. Sin embargo, el hecho es que la *NEB* ha traducido mal este pasaje, y que ninguna otra traducción respetable apoya la idea de que el mismo signifique que Jesucristo sólo pretendía ser "un dios".
21. O más literalmente, el "Primer engendrado" (véase Hebreos 1:2).
22. Sin embargo, se hace referencia a la Trinidad como tal al hablar del "Dios eterno" (Romanos 16:26).

Printed in the USA
CPSIA information can be obtained
at www.ICGtesting.com
LVHW031153230724
785408LV00013B/114